会計学の
基本問題

Fundamental Probrems
of
Accounting

脇山　昇 [著]

税務経理協会

まえがき

　本書は，私が簿記会計学の教育と研究に携わってきた29年の間に書いた論文9本に若干の加筆，削除，補正を施してまとめたものである。

　本書の内容は，第Ⅰ部　会計構造の研究（第1章〜第6章），第Ⅱ部　会計教育の研究（第7章〜第9章）である。会計構造論もしくは計算構造論と言えば，わが国独特の研究成果を生み出し，今日に至っている。会計学分野では世界に誇れる知的財産であると言えよう。

　しかし，やはり難解なテーマである。今なお古くて新しい問題が残っていることもまた周知のとおりである。

　言うまでもなく本書は，会計構造研究の出発点に立ったばかりである。ことさら，諸賢の厳しい批判と叱正を期待する所存である。

　本書の各章と，転載された論文との対応関係は，次のとおりである。

第Ⅰ部　会計構造の研究

第1章　「元手概念について」（『九州国際大学国際商学部論集』第4巻第1号，1993年2月）に加筆修正したもの。

第2章　「会計理論の基礎構造（1）」（『九州共立大学紀要』第17巻第1号，1982年7月）に加筆修正したもの。

第3章　「ヴァッター資金理論の計算構造について」（『西南学院大学大学院法学・経営学論集』第2号，1977年9月）に加筆修正したもの。

第4章　「L.ゴールドバーグの管理者理論」（『九共経済論集』第8巻第1号，1983年3月）に加筆修正したもの。

第5章　「会計主体と資金理論」（『九州国際大学国際商学論集』第2巻第1号，1991年1月）に加筆修正したもの。

第6章　「会計主体について」（『九州国際大学社会文化研究所紀要』第33号，1993年10月）と

まえがき

「株式会社と会計主体」(『九州国際大学社会文化研究所紀要』第46号, 2000年7月) とに加筆修正したもの。

第Ⅱ部　会計教育の研究
第7章　「会計教育の再検討 (3)」(『九州国際大学社会文化研究所紀要』第48号, 2001年7月)
第8章　「九州国際大学における国際ビジネス・カリキュラムの現状と課題」(『九州国際大学国際商学論集』第13巻第1号, 2001年9月) に加筆修正したもの。
第9章　「九州国際大学における国際ビジネスカリキュラムの現状と課題」(『九州国際大学国際商学論集』第13巻第3号, 2002年3月) に加筆修正したもの。

　本書の出版にあたって，故馬場克三先生（九州大学名誉教授），後藤泰二先生（西南学院大学名誉教授），服部俊治先生（九州大学名誉教授），山口稲生先生（西南学院大学名誉教授），昆誠一先生（九州産業大学経営学部教授），小野博則先生（下関市立大学経済学部教授）の深い学恩に対して，心からお礼を申し述べたい。

　ところで，山口稲生先生には，私が西南学院大学商学部における山口先生のゼミナール学生，そして同大学大学院生当時から今日まで，公私にわたり貴重な御指導と御鞭撻をいただいている。

　山口稲生先生は，2002年3月末日に西南学院大学を満期退職された。先生の益々のご健勝とご多幸を祈念する次第である。

　また，私が西南学院大学商学部2年次生の時，必修科目「会計学原理」において，初めて会計学の面白さを御教示いただいた土方久先生（西南学院大学商学部教授）には，日頃より気さくに，そしてあたたかく多面にわたって御指導と御助言をいただいている。そして，西南学院大学商学部の会計学スタッフの方々，浜田和樹先生，伊藤龍峰先生，稲見亨先生，さらにまた，藤重義則先生（鹿児島大学教授）をはじめ西南学院大学大学院経営学研究科ならびに学生会計学研究会の諸先輩，同僚，友人の方々の日頃の御厚誼に厚くお礼を申し上げた

まえがき

い。

　また，私の本務校九州国際大学における会計学の教育と研究両面において大変お世話になっている藤原欣一郎先生ならびに会計学スタッフの方々には，この場をかりて感謝申し上げる次第である。

　なお，本書は，2002年度九州国際大学学術研究書の出版助成・通算第14号を受けたものである。通算第6号に次ぐ2度目の出版助成である。ここに記して心から感謝の意を表する次第である。

　そして，本書は，何にもまして世界で一番大切な私の両親に捧げたい。いつも私の心の支えとなっている寛容で義理人情に厚い両親に対して感謝の意を表したい。父の長吉は，2002年8月7日で満81歳，母の敬子は，同年12月11日に満75歳を迎えた。

　本書が，両親への長寿祈願の記念になれば，この上ない喜びである。

　最後に，本書の刊行を勧められ，完成までに多大のご尽力をいただいた税務経理協会および同社峯村英治氏，杉浦奈穂美氏にこの場をかりて，心からなる感謝を表したい。

　2003年初春　宗像にて

脇　山　　昇

目　次

まえがき

第Ⅰ部　会計構造の研究

第1章　計算構造論への一試論 … 3
1. はじめに … 3
2. 収支計算と損益計算 … 5
3. 利益計算と元手概念 … 9
4. 結びにかえて … 10

第2章　資金理論の理論構造 … 15
1. はじめに … 15
2. 資金理論における概念構成 … 17
3. 資金理論の基礎構造 … 18

第3章　ヴァッター資金理論の計算構造 … 25
1. はじめに … 25
2. 資金理論の理論構造 … 27
3. 資金貸借対照表の構造 … 30
4. 資金貸借対照表の論理 … 34
5. 営業活動報告書とコンベンショナルな財務諸表 … 38
6. 損益計算と資金の管理計算 … 41

目　　次

第4章　資金理論と管理者理論 …………………………………………… *49*
　1．はじめに ………………………………………………………………… *49*
　2．資金理論批判 …………………………………………………………… *50*
　3．管理者理論 ……………………………………………………………… *54*
　4．コマンダー観点 ………………………………………………………… *58*

第5章　会計主体と資金理論 ……………………………………………… *67*
　1．はじめに ………………………………………………………………… *67*
　2．資金理論と会計主体論 ………………………………………………… *68*
　3．おわりに ………………………………………………………………… *76*

第6章　二つの会計主体 …………………………………………………… *83*
　1．はじめに ………………………………………………………………… *83*
　2．資金理論と管理者理論の会計主体批判 ……………………………… *84*
　3．企業体理論批判 ………………………………………………………… *87*
　4．機能資本家と個別資本 ………………………………………………… *91*
　5．結びにかえて …………………………………………………………… *93*

第Ⅱ部　会計教育の研究

第7章　会計教育の再検討 ………………………………………………… *99*
　1．はじめに ………………………………………………………………… *99*
　2．7つのテーマに関する履修者の意見，感想～2000年度の事例～ ……… *100*
　3．おわりに ………………………………………………………………… *109*

第8章　国際ビジネス教育と会計教育
　1．はじめに ………………………………………………………………… *113*
　2．日本の13大学の国際ビジネス・カリキュラムに対する調査結果 ……… *113*

3. 国際経営学科・国際商学科・国際ビジネス学科と経営学科・商学科とのカリキュラムの相異点について ……………………………………… *122*
4. 九州国際大学国際商学部国際ビジネス学科の教育課程の考え方・特色について ……………………………………………………………… *141*
5. 本学国際ビジネス学科のアイデンティティとカリキュラム改善案 〜一応の結論にかえて〜 ………………………………………………… *152*

第9章 国際ビジネス教育と会計教育 (2) …………………………………… *169*
1. はじめに ……………………………………………………………………… *169*
2. 国際ビジネス学科のアイデンティティとカリキュラム改善・改革 …… *169*
3. おわりに ……………………………………………………………………… *178*

索　引 …………………………………………………………………………… *207*

第Ⅰ部

会計構造の研究

第I部

会計情報の役割

第1章

計算構造論への一試論

1 はじめに

　簿記の初心者教育における基礎概念導入法は，簿記教育担当者が一度は直面する古くて新しい問題である。

　ところで，今日，多くの簿記入門テキストの著者たちが，複式簿記の原理と構造の中で，資産，負債，資本，収益，費用の各概念の意味と相互関係について説明する場合，そのほとんどがシェヤー理論（物的2勘定学説）の資本等式＜資産－負債＝資本＞かニックリッシュ理論（貸借対照表学説）の貸借対照表等式＜資産＝負債＋資本＞かのいずれかのアプローチを用いている。

　しかしながら，2つの方法に対しては，次のような簿記教育実践上の問題点が指摘されている。まず，シェヤー理論の資本等式についていえば，第一に教育効果からこの式を使うのは根本的に会計構造を歪めることになりはしないかということ。つまり，取引から貸借対照表，損益計算書までの会計構造は説明できないという問題である。第二に財産概念を強調すると，資産概念の説明と矛盾する[1]。第三に積極財産（資産）は良い財産であり，消極財産（負債）は悪い財産というイメージをもちがちであり，用語の使用に一考を要する。特に消極財産（負債）は，将来積極財産（資産）を減らして返済するもの，つまり，

マイナス資産として計算されるにすぎず，負債概念を正しく説明することにならず，用語の使い方に問題がある[2]。第四に個人企業を前提にすると，資本と資本金の関係が混乱を招く[3]。資本＝資本金ではいけないのか，という疑問が生じる。

一方，ニックリッシュ理論の貸借対照表等式についていえば，第一に当初より会計学の中で簿記を教えることになり，初心者には難しい説明もあえてしなければならない。たとえば，財政状態といった用語の説明に苦慮する[4]。第二に資本の説明に準備金，剰余金といった商法概念を導入しなければならないため，簿記を当初から難しいものと思わせがちである[5]，といった指摘がなされている。

次に会計構造上の問題点として資本等式については，第一にＴフォームの貸借対照表によるかぎり，そこでなされている演算は期末資産－（期末負債＋期首純財産）＝利益であり，この貸借対照表に期待された等式（期末資産－期末負債）－期首純財産＝利益に背馳している。したがって，この貸借対照表で算出される数値は，額は同じとしても，理論的にはけっして利益額とはいえない[6]，という指摘がなされている。また，貸借対照表等式の問題点は，損益計算書が貸借対照表に対して独立性を具えていないという点[7]が指摘される。

そこで，本章の目的は簿記導入法の１つの試みとして現金出納帳（収支計算）という身近な話題から始め，ここから損益計算へと展開する論理を元手概念に求め，元手概念の損益計算における意義について考察することである。

なぜ，現金から始めるのか。それは誰でも現金出納帳が書けるため，このような身近な話題から始めるのが理解を容易にすると思われるからである。そして，この収支計算（現金出納帳）から損益計算への展開の論理が，実は，未解決の重要な問題であることは今さら言うまでもない。

なお，本章第２節以降における会計の計算構造に対する考え方は，1991年１月より1992年７月までに行われた会計理論研究会（月例会日時；毎月第３土曜日14：00，場所；九州大学経済学部３Ｆ共同研究室）での諸先生の御報告に啓発され，依拠するところが多々あります。この点をまずお断りしておきますと同時

に，ここに記して感謝の意を表します。

2 収支計算と損益計算

われわれが，企業利益計算の構造と原理を考える場合，その与件として現行企業会計の形態である損益計算書，貸借対照表を受け取って両者にある複雑なものの中から不要なものを捨象して単純な会計の形態を抽出することから始めなければならない。そうすると，そこから財産勘定が抽出できる。さらに，その単位として，現金，機械，商品勘定などが抽出できるが，代表的なものとして現金勘定を念頭におく。この財産勘定の具体的表象として家事の経営の仕事を会計する，家事会計があげられ，これから会計一般概念を獲得しなければならない。

ところで，家事会計は，財産会計の形態もしくは実体であり，財産と計算が偶然に結合しているものである。両者が一体となっているものである。そこから，構成要素を概念としてとらえると，財，勘定，円といった空間と1年という時間が与えられる。財（所有＋現金）は人間の欲望を満たすものであり，T字勘定は帳簿による計算形式（方法），円は財の量的属性であり，貨幣評価である。そして，財を計算対象（手段）として会計主体という特殊的な一要素を総括するのが計算行為という実践である。そこで，次に財産会計という概念（家事会計概念）がとる表現形態をみていくことにしよう。

まず，現金出納帳は，現金収入と現金支出を原因別にまとめるもので，常に現金そのものの出入り，すなわち収入(増)－支出(減)＝現金残高を表示している。図表1-1のように10月20日，20万円－17万円＝3万円で現金フローの比較で現金ストックを出し，常に現金の現在高を表示する。ここでの記録は現金残高で，現金の結果計算であるが，単に在高を知りたければ，記録の必要はなく，金庫を調べればよい。つまり，実査すればよいことから在高の管理が目的である。つまり，現金出納帳の摘要欄は，現金を管理するために書く。すなわち，支出が手元現金在高内で済むように現金そのものの管理が目的である。

第Ⅰ部　会計構造の研究

図表 1-1

			現　金　出　納　帳		
月	日	摘　要	収　入	支　出	残　高
10	1	仕　送　り	100,000		100,000
	5	家　　　賃		50,000	50,000
	10	アルバイト収入	100,000		150,000
	15	ラ ジ カ セ		30,000	120,000
	20	食　　　費		90,000	30,000
	31	次 月 繰 越		30,000	
			200,000	200,000	

　このように，現金を使って家庭生活を合理的に管理するのが現金出納帳の基本的な機能である。と同時に，現金出納帳もしくは会計一般の計算形式は，演算形態（原因）と検算形態（結果）をとる。演算は収入欄，支出欄の縦が足し算，横が引き算になっている。たとえば図表1-1の10月20日の横10万円＋10万円－（5万円＋3万円＋9万円）＝3万円は引き算，支出欄の縦5万円＋3万円＋9万円＋3万円＝収入の欄の縦20万円は足し算である。次に検算の仕方は，収入（10万円＋10万万円）＝支出（5万円＋3万円＋9万円）＋残高3万円という足し算によって，10月20日の引き算12万円－9万円＝3万円が間違っていないことを確かめるものである。引き算10月20日の残高3万円－次月繰越3万円＝0には検算機能はない。なぜなら，10月20日の引き算を誤って2万円とした場合，2万円－2万円＝0であるが，元々間違った金額から同じ金額を差し引いても検算したことにはならないからである。むしろ，検算とは引き算の間違いを検算することであり，引き算の正しさを検算することではない。だから，収入20万円＝支出17万円＋残高2万円のように引き算が間違っていれば，2万円に不足分1万円を足して3万円と訂正する。そのために10月31日の3万円を次月繰越として支出欄に3万円足すのである。図表1-1をT字型で示すと図表1-2のⒶになる。

第1章 計算構造論への一試論

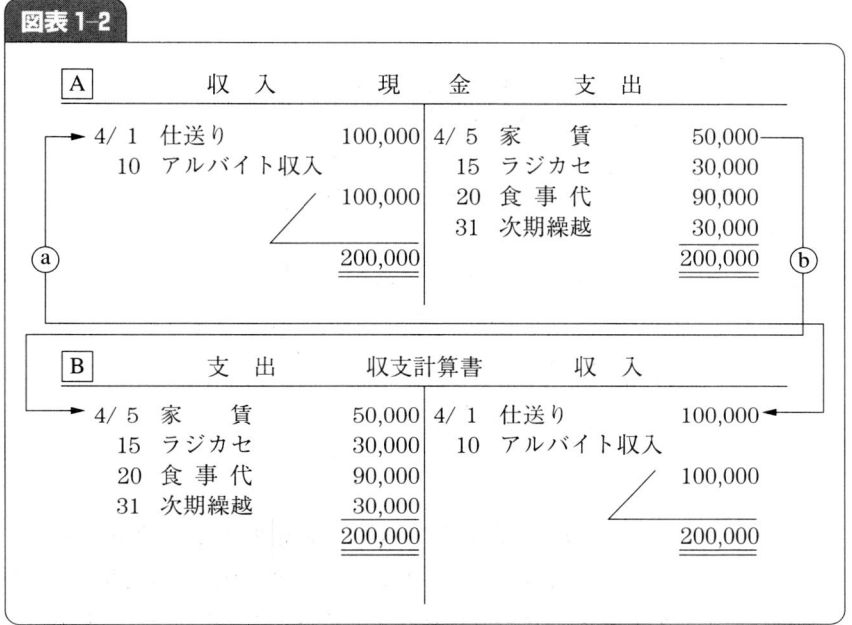

　一方，収支計算書は，現金出納帳で発生する同じ項目の集約にすぎないが，どうして現金残高が3万円になったかの原因を（＋）の原因，収入（正答）と（－）の原因，支出（正答）のデータを引き出し，この3万円の原因は収入20万円と支出17万円があったからでした，と3万円の増えた理由を計算する。3万円のストックを説明するためにフローを出し，収入，支出で現金の原因計算をする，いわば原因を通して現金管理を行っていくところに意味がある。図表1-2 Ａ の現金勘定と Ｂ の収入，支出の場所が逆転しているから，ⓐⓑのように複記が可能になる。

　さて，現金出納帳は，会計一般であり，現在収入，現在支出のあった時に記録するものであり，現金と違うもの，現金の基礎にあるもの，財の価値を管理するものが営利会計の分野である。ここでの目的は，利益の管理を通して経済活動を合理的に管理する，そのために利益の演算，検算が必要になってくる。すなわち，現金出納帳の収支欄と収支計算書の収支欄とが逆転している論理が

図表 1-3

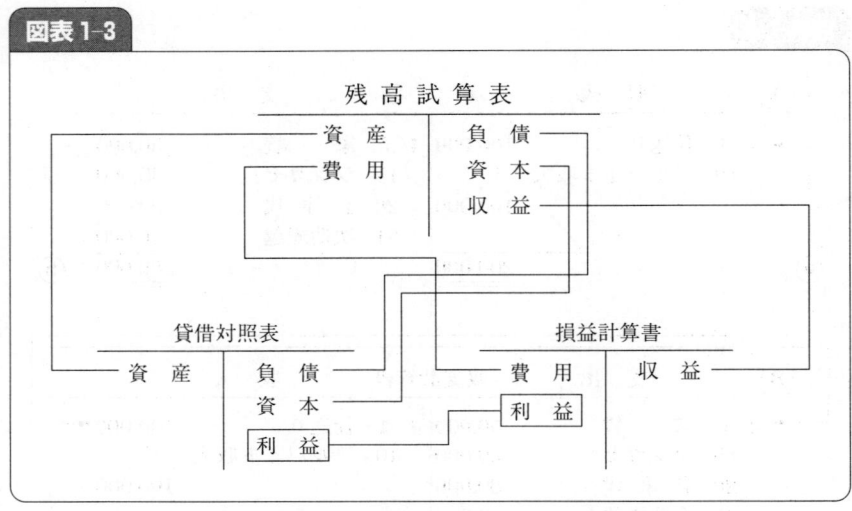

損益計算につながる。つまり，現金そのものの在高結果と現金に増減をもたらした原因との検算であるが，これによって現金の結果と原因との照合一致による管理が可能である。現金を対象とした特殊な会計形態が営利会計であり，これが財産会計から展開する決定要因は元手概念にある。日常の現在収入，現在支出以外の取引である，損益取引，発生主義による費用，収益の見越，繰延，掛売り（将来収入：資産），掛買い（将来支出：負債）等は，すべて残高試算表に記入される。そして，残高試算表を2極分解すれば，2つの利益計算が可能であるが，損益計算書では，元手（支出）以上に収入を得た結果の利益であり，貸借対照表では収入以上に収入がある時にその差が利益である。そして，損益計算書と貸借対照表で2元的に利益計算を果たし，お互いにその利益額の正しさを検証する構造になっている。全体としての収入，支出は個々別々で管理できない。そこで，これらの収支の原因を明らかにすることが，これらを総括する論理といえる。それは，なぜ行われるのか。これはすなわち，会計が計算と同時に増減変化を引き起こす原因を伴うからであり，会計を会計たらしめているものが，合理的な経済活動の管理だからである。

3 利益計算と元手概念

　一般に，借方「資産は社会的実在物であるから，それ自体の価値を持つ。」[8] すなわち，「実物つまり社会的に存在する物は」[9] 資産しかない。これに対して貸方に記載されている資本は「メモつまり記録にすぎない。実体はないのである。ダブルエントリーあるいは二重記入とは，実物を両側に記入することではない。実物を借方に，貸方にはその実物の説明を記入するのである。」[10] かくして，以上のことから資産は実物の価値を写して記録できるが，資本には実物がないため写して記録できないため，資産－負債の差額としての計算値にすぎない。資本は実像ではなく写像である。資本は real world ではなく，メタ概念である。そして，利益計算しなければ資本 (capital) は要らないが，メタ概念としての資本が利益計算するときに必要不可欠なものとして登場してくるのである。つまり，われわれが利益計算する場合，期末財産－期首財産＝期末資本－期首資本によって，財産の純増が期首，期末の２時点比較によってこれが利益に当たります，という計算をしてみせる。期首に誰かが銭を出した，これを元手というが，この経験事象から利益はわかる。この場合，資産と負債に分ける必要はない。その理由は，自前の元手（自己資本），対人信用の元手（他人資本）も共に資本として統一され，現実資本運動の中で機能するからである。このように，会計的利益という場合，今から利益を出すという場合，会計には資本（純資産）があるから，期末純資産と期首純資産の比較で期末について利益が出る。すなわち，期末資産－期末負債－期首資本＝損益である。これは，資本方程式の系譜に属している。一方，収益－費用＝損益には構造の論理に一貫性がない。また，操作性がないため現行の会計を説明したことにならない。もし，数式化すると収益は，資産の増加，費用は資産の減少になる。

　さて，常識用語である「元手」，学術的には元入＝資本と呼ぶ。かくいう「元手」は貨幣資本であり，元手の実体は支出である。元手(支出の機能形態)＝収入(支出の調達形態) である。これまでの元手に対する見解には，

第Ⅰ部　会計構造の研究

① 支出の戻りであり，調達収入と対応するものである。
② 利益計算する基準値の元手は価値の費消である。
③ 資本（元手）とは株主の出したもの（収入）である。

などがある。たとえば，100円支出して120円の収入があったとき，2時点間比較のように見えるが，現象的には在高比較はただの純増で利益は出ない。期首の収入以上に期末収入があって，差が出るストック計算である。そして，利益は増えた，減ったというフローから生じる原因計算である。つまり，支出以上に収入があって差が生じる。逆に支出以上の支出から差は生じないのである。支出が支出より以上の収入になって元手の意味をもつのである。

4　結びにかえて

一般に，慣行（convention）としてのEntityが簿記成立の条件になっている。つまり，conventionは，商人的経験から生まれた観念であって，簿記存立基盤としてのEntityであるという考え方であり，Entityがなければ簿記は成立しないという命題である[11]。

ここで人間的主体である私の二重性について考えてみる。

たとえば，私が元手300万円を出資し，営業を始めたという場合，Aという

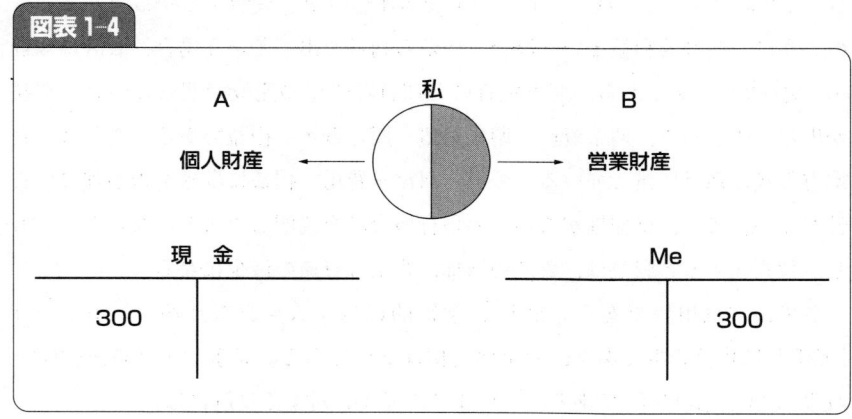

図表1-4

私がBという私に300万円貸したと理解される。通常私の右側Bを企業Entityと呼ぶ。つまり、私の左側Aが全人格的人間を捨て去って、右側のBへと何ものかを失った私ということになる。BはAから疎外された私である。そして、簿記ではBを営業財産と呼び、簿記は、これの増減を計算するためにあり、AとBが区別される前提としてEntityをもち出している。

次の取引は①私が500万円を元手にして営業を始めた。②友人から500万円を借りて営業を始めた時の仕訳である。仕訳如何によって主体がどのように考えられようか。

① 現金　500　　　資本金　500
② 現金　500　　　借入金　500

①は、Entityを念頭においている。店と奥の分離が前提となって簿記が生れるという考え方である。

これに対して②は、Entityが考えられていない。両側の私の混合である。もしも、Entityがあってはじめて簿記が成立すると主張するなら、これは個人と店の各々の財産の分離の内容をもった概念の簿記的表現であるが、しかし、Entityがなくても簿記があるといえば、この命題は正しいとはいえない。たとえば、ルカ・パチオリの1つの事例[12]によって、必ずしも主体としてのEntityの概念はなくても簿記は存在したため、家計と営業の分離がなくても、複式簿

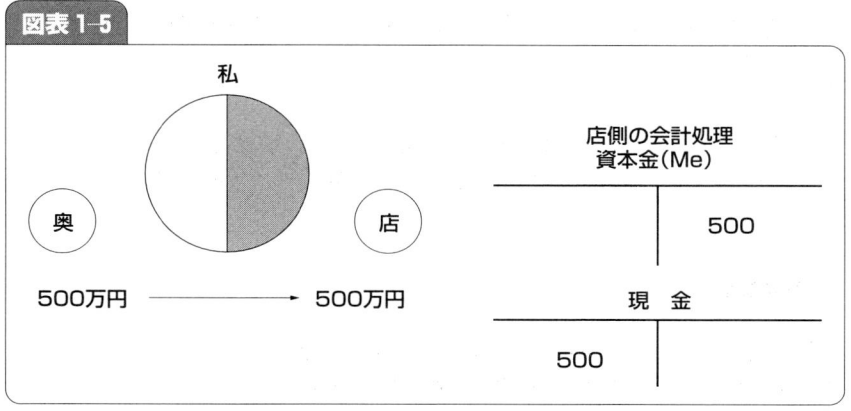

図表 1-5

第Ⅰ部　会計構造の研究

記が成立するのであれば，財産＝資本の式が成りたたなくても必ずしも Entity は要らないということになる。問題は，Entity のないパチオリの時代から 20 世紀以降の過程でなぜ Entity が導入されるかである。

③　現金　500　　　　借入金　500──→パチオリの簿記　私の全ての財産
　　　　　　　　　　　資本金　　 0

④　現金　500　　　　資本金　500──→20 世紀以降　自前の元手

　結論的にいえば，所有の増減を示す記録のために資本金勘定がなければ，これをメルクマールとした利益計算ができない。したがって，資本金を記帳する必要があり，これが複式簿記が成立する歴史的根拠にもなっているのである。

注

1) 秋田和美稿「導入教育の実践と苦悩─我が体験的導入教育論─」，日本簿記学会第 6 回全国大会報告要旨，36 頁，1990 年 11 月。
2) 同上。
3) 同上。
4) 同上。
5) 同上。
6) 笠井昭次稿「会計構造論の現状と問題点」，『JICPA ジャーナル』，No. 433，37 頁，AUG. 1991。
7) 同上，38～39 頁。
8) マネー問題研究会「バブル再考⑫複式簿記の意義」，『日本経済新聞』，1992 月 15 日付朝紙。
9) 同上。
10) 同上。
11) 黒澤清著『近代会計学』〈改訂増補版〉，春秋社，1973 年 12 月。
12) 片岡義雄著『パチョーリ「簿記論」の研究』，森山書店，1976 年 6 月。

参考文献

1) 岡部利良著『現代会計学批判』，森山書店，1991 年 5 月。
2) 馬場克三著『会計理論の基本問題』，森山書店，1975 年 4 月。

3) 山口稲生著『会計構造の基本問題』，森山書店，1989 年 5 月。
4) 藤田昌也著『会計利潤論』，森山書店，1987 年 1 月。
5) 『日本簿記学会年報』'86 創刊第 1 号～'90 第 5 号。
6) 笠井昭次著『会計的統合の系譜』，慶應通信，1988 年 12 月。
7) 茂木虎雄稿「複式簿記の基礎理論―記帳技術の理論と簿記教授法」，『立教経済学研究』第 44 巻第 1 号，1990 年。
8) 久野秀男稿「資本等式（説）の系譜と課題」，『学習院大学経済論集』第 20 巻第 3 号，1984 年 3 月。
9) 日本会計研究学会・特別委員会最終報告「会計システムと簿記機構・簿記形態に関する研究」，1992 年 9 月 10 日。
10) 木村和三郎著『科学としての会計学（上）』，有斐閣，1972 年 6 月。
11) 茂木虎雄著『近代会計成立史論』，未来社，1975 年 3 月。
12) 服部俊治編著『企業利益の計算方法』，同文舘，1988 年 12 月。

第2章

資金理論の理論構造

1 はじめに

　ヴァッターの資金理論は,「複記の理論すなわち会計の記録機能」の問題に関してではなく,「管理目的のための報告の問題に関して発展してきた」[1]，といわれるように経営活動をいかなる利害関係者からも中立化した形での即物的,非人格的な「資金」の運動としてとらえ直し,資金というサービス活動の管理領域のみに注視し,そこでのサービス（資産）の具体的運用形態（資金の活動状態）把握とその管理とが重要な問題であった。

　そもそも資金理論は,それ以前の伝統的な主流理論であった「企業実体理論」(entity theory) さらには「所有主理論」(proprietary theory) 双方に内在する矛盾点,欠陥を批判し,これらを克服するための理論的根拠,もしくは会計理論の基礎として現実に登場してきたことは言うまでもない[2]。したがって,わが国の会計学界が,ヴァッターの資金理論を旧理論に対する1つの有力なアンチテーゼとして,主に資産論争,会計主体論争[3]の過程の中で取り扱い,また,これら論争解決のための1つの新しい理論的試み,もしくは会計理論の基礎構造そのものとしてとりあげてきたことも極めて当然のことであった[4]。しかし,これら論争の華々しさとは対照的に,いまだに残された問題として次の2点を

あげることができよう。第一点は、彼の理論の特殊性の故か、計算構造の側面[5]がそれほど深く掘り下げられなかったこと。また、これに関連して計算構造と会計主体、会計目的との関連分析がほとんど未解決のままに終わっていること[6]、などが指摘されている。

第二点は、貸方拘束概念のもつ現実的意義についてである。ヴァッターは従来の貸方諸概念を検討する過程で資本（所有主持分）と負債との区別の困難な持分があることから、あるいは両者の区別が困難なところから[7]、「資本および負債の概念を捨象し、あるいはその解明を回避」[8]し、「資産に対する拘束」という一点で貸方諸項目を同質レベルの問題として包括した。すなわち、資本金、負債、積立金、剰余金等の貸方項目を「資産に対する拘束」内容をもつ項目として、一定の資金目的、性格によって「特定の役立ち」へと特定化、具体化される項目として同質化した。その結果、貸方持分の拘束概念によってコンベンショナルな理論では説明困難であった貸借対照表貸方諸項目に新しい統一的説明を加えたことは認めざるをえない。しかし、長松秀志氏が、すでに問題提起されているように、いったいなぜ、資本および負債概念を排除せざるをえないのか[9]。この点の説明こそヴァッターが、貸方項目の同質化を図る上で最も強調すべき点ではなかったか。しかし、両概念排除の必然的論拠について何ら積極的な意見が示されていないのである[10]。この点を裏打ちすれば、彼が従来の理論における貸借対照表貸方持分概念を検討する過程でその統一的説明のために、貸方諸項目を「資産に対する拘束」概念でもって同質的に把握したことの意味が、結局、貸方諸項目の法的、人格的な源泉原因を不問に付すことによって企業の所有関係を捨象し、さらに、個別資本の支配・集中関係から起こる現実の企業会計の諸問題を隠蔽してしまうことになりはしないか[11]、という疑問が残るものである。

以上の問題解決に先立ち、まず、旧理論に対する資金理論独自の理論構造上の特質の確認から始めなければならない。したがって、主として William J. Vatter の主著の第1章～第3章 (**The Fund Theory of Accounting and Its Implications for Financial Reports.**, 1947, pp. 1-38. 飯岡透、中原章吉共訳『バッター

資金会計論』，昭和46年，3〜66頁）を要点的に追試しながら，資金理論の支柱として，これを構築する諸概念（資金，資産，持分）の相互関係もしくは概念構造について整理してみることにする。なお，本書よりの引用文は，主に私訳に基づいており，また，本書よりの引用頁は，いちいち節末に注記せず，じかに本文中に付記している。

2　資金理論における概念構成

ヴァッターは，操作的会計方法に従った「資金」概念を提唱する（pp. 10-12）。すなわち，「資金は，完全に非人格的な意味において会計実体（accounting entity）である。(p. 12)」すなわち，資金は一連の経営活動もしくは資金活動（fund activity）を限定し，一連の「財務記録および報告書に網羅される（会計活動の—引用者）注意の領域（field of attention）を表すという意味で会計の単位（unit of accounting）である。(p. 12)」したがって，「このような会計領域においては，あらゆる資金が，管理組織，特定の活動，あるいは重要な特定目的などの諸要素をそれぞれ区別するために設置され，複式簿記システムがこれらの資金単位ごとに適用される。(p. 12)」つまり，「資金会計において，資金とは単なる現金資源ではなく，各資金の勘定は特定の目的のために区別された単なる資産の集合以上の意味をもち，すべての資産項目だけでなく，その資金に含まれる持分をも認めるのである。さらに，資金勘定のもとに収益，費用，および利益の各勘定が，完全に分類されている。これらの勘定をいっしょにすると，資金の操作活動については，あらゆる点で完全な総勘定元帳による試算表が作成される。(p. 12)」としている。このように，資金とは経営および会計活動における企業資産の「操作の領域」（area of operations）であり，一定の資金，持分，収益，費用などの財務測定の基礎となる会計の「注意の領域」（area of attention）を限定する手段である。すなわち，会計が計数的にとらえる客体（対象）もしくは会計単位である。この会計単位＝資金単位の設定基準は，通常の「流動資金」および「固定資金」の区分以上に，たとえば，企業内部の管理組織，営業

活動の内容，製品別，地域区分等によって，あるいは経営者の重要な意思決定による資金の機能目的によって必要に応じて任意に資金の設定が可能である。そして，「必要なときはいつでも，一度設定した資金は，さらに小さな単位に分割したり，あるいは，さらに大きな単位に結合したりすることができる。(p. 117)」と。

ヴァッターは，以上のような「資金」(fund) 概念を中心概念 (central notion) として資金理論の中核に設定する。そして，この資金概念と関連し，これを表現する概念として次の4つの操作概念をあげている (pp. 94-95)。

(1) 資産のサービス・ポテンシャル (service potentials) 概念。
(2) 持分の拘束 (restriction) 概念。
(3) 特定の拘束 (specific restriction) を伴わない資金内への資産の流入としての収益概念。
(4) 資産の資金外への流出としての費用概念。

しかし，資金概念に具体的な性格を付与し，また，資金理論の理論構造の基礎となる概念を集約すれば，それは①借方資産のサービス・ポテンシャル概念と②貸方持分の拘束概念である[12]，ということができる。なぜなら，③収益概念，④費用概念は，ともに資産＝サービス・ポテンシャルのフローを共通の認識基準としており，収益は特定の持分拘束を伴わない当該資金内へのサービスの新たな流入，あるいは，費用は当該資金から特定の目的ないし他の資金領域のために解放 (release) されたサービスの不断の流れというように，資金内でのサービス・ポテンシャルに対する拘束概念によって，その存在の有無，集散状態が規定される関係にあるからである[13]。したがって，資金理論の基礎構造もしくは，複式簿記の基礎となる貸借対照表等式は，資金理論の観点から「資産 (assets) ＝資産に対する拘束 (restriction upon assets)」である。

3　資金理論の基礎構造

ところで，黒澤清氏は，この両概念の関係を次のようにとらえておられる。

すなわち，「資金理論においては，資産と持分とが資金概念によって統一されるとともに，費用と収益とが資金からのサービスの解放という意味で統一的に説明されるのである。この場合，資金は資産の上位概念であるのに対して，資産は費用および収益の上位概念である。」[14]，として「これらの概念構成の関係を図解的に表示」されている。そして，さらに「資産も持分も，費用も収益も，資金の構造のなかに統一されていることが，資金理論の根本的な特徴である。このような基本的な概念構成を通じて，はじめて資金会計の理論的解明が可能となる。」[15]と結論づけておられる。この点に関して浅羽二郎氏は，黒澤氏が図示して示された概念相互の「関係からは，資

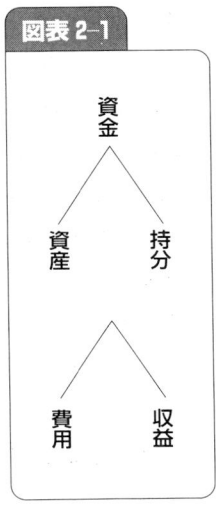

金概念は，潜在用役（資産）と拘束（持分）との双方の上位概念として把握しておられると解することができる。が，私は，資金概念は貸方概念であり，貸方概念が借方概念である潜在用役を規定する関係として把握すべきものと解する。」[16]　また，「資金理論は，企業の用役がいかなる形態にあるかという点に重点が置かれている。そして，それがいかなる経営単位に拘束されているかという，資金→潜在用役という直接的把握による概念構成がなされている。」[17]とも述べておられる。

　このように，浅羽氏の見解に立ちながら，次の問題について考えることにする。

　まず第一に，なぜ資金概念が貸方系列の概念であると理解されうるのか，と同時に借方資産概念と貸方資金概念との現実関係はいかなるものか。第二には，資金，資産，拘束の概念相互の質的規定関係，特に借方資産概念を基本的に規定する関係にあるものは，貸方概念としての資金概念か，あるいは拘束概念かである。

　さて，ヴァッターによると「基本的には資金は，ある機能目的―行政的，企業家的，あるいは社会的目的のために結集されたサービス・ポテンシャルの集

合体である。(pp. 18-19)」いいかえれば，「資産とは，一定の資金の内部にあって，資金の機能（functions），活動（activities），目的（purposes）を遂行するために，その資金の管理者によって利用されるべきものである。したがって，持分合計と資産金額は等しくならねばならない。」[18]と。また，ヴァッターの「資金内の資産」（assets in the fund）とか「資産からなる資金」（fund of assets）（p. 20）という表現からみられるように，第一に資金資産（fund assets）(p. 20) ＝資金（fund）もしくは資産資金（assets fund）(p. 20) という量的関係が認められる。また，第二に資金と資産との質的関係[19]が理解できる。すなわち，ヴァッターの資金概念は，計算技術的に抽象化された簿記・会計の「場所」的限定の手段である。つまり，資金とは，何よりもまず簿記・会計の記録，計算，報告の対象規定として会計単位の意味をもつ。したがって，資金それ自体は，実体を捨象された機能的概念（operational notion〔concept〕）としてとらえられるから，そこには何ら実体的内容は認められないかにみえる。しかし，ヴァッターが述べるように，「資金の触知ができる主な属性は，資金の中にみる資産の集合である。(p. 94)」から，機能的な資金単位にサービスのフロー（流入，流出）の結果としてのストック（留保分）が認められて，はじめて各資金単位の実体的内容を把握できるといえよう。つまり，「運動領域」としての資金の中では，絶えずサービス（資産）の運動が行われており，これを各単位ごとにあるいは目的に応じて関連する各単位を結合し，総合して，それらを記録，計算，報告するのである。また，一定資金内の資産を特定目的のために，あるいは経営者が資金を無拘束のまま乱用しないようにするため，その資金操作を条件づけるのが，資産に対する持分（equity）の拘束（restriction）概念であるから，資金の機能目的が資産の全部を持分的に拘束する場合には，資金資産（fund assets）もしくはサービス・ポテンシャル（service potentials）＝拘束（restriction）という関係が維持される。以上の点から，資金理論にあっては，資産＝資金（もしくは拘束）という均衡関係が成立する。

では，3つの概念の質的規定関係はどうであろうか。資産のサービス・ポテンシャルが資金の機能目的によってその意義を規定されるのは言うまでもない。

図表 2-2 資金理論の概念構造

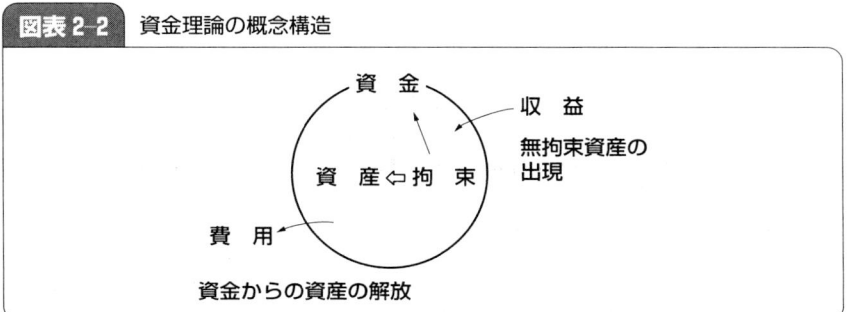

しかし，資金の機能目的によってではあっても，貸方資金概念によって借方資産のサービスがいかなる状態にあるか（サービス←資金）という直接的な貸方資金概念による規定関係もしくは概念構成は，ヴァッターの意図するところではないであろう。けだし，資金概念ではなくて拘束概念によって資金の機能目的がサービス（資産）に付与される結果，資金操作が可能となるからである。つまり，資金の機能目的を果たすためには資金管理者（fund manager）による資金操作が必要なことは言うまでもない。この資金操作は，具体的には各資金のそれぞれの一定目的を達成するために，各資金単位内で運動するサービスの取得，変形，交換，貯蔵等のことであり，これら経営活動の具体的業務を条件づけるのが，「資産に対する拘束概念」である。したがって，この拘束概念が資金の一定の機能目的を果たすべく，サービスに適用された結果，はじめてサービスがいかなる運用状態におかれているかが把握できるのである。要するに，サービス・ポテンシャルが，いかなる資金単位に拘束されているかという質的規定付与の関係[20]（資産←拘束）が成り立ち，貸方拘束概念が，経営者の意思決定によって細分化される企業内の「操作領域」としての資金の活動，すなわち，資金資産（fund assets）もしくはサービスの調達，運用，処分等を条件づけ，統制する概念として規定されているのである。

第Ⅰ部 会計構造の研究

注

1) アメリカにおいてヴァッター資金理論を批判し，克服する理論的基礎としては，L. ゴールドバーグが提言したアメリカ会計学会モノグラフシリーズ第7号「会計本質論」（L. Goldberg., **An Inquiry Into The Nature of Accounting**, A. A. A., 1965）が注目される。pp. 149-151. 参照のこと。なお，本書よりの引用は，p. 108.
2) 資金理論と旧理論＝企業実体理論との基本的な相異点は，ヴァッターの次の言葉の中に表現されている。すなわち，彼はいう。「資金理論の観点は，企業実体理論の一つの拡張されたものであり，会計の諸問題を取扱う場合，人格的な概念を採用せず，むしろ（客観的な—引用者）統計的観点を強調するものである。資金理論のもとでは，会計の基礎は所有主でも株式会社でもない。一組の諸勘定によって包括される持分の領域（the area of interest）は，法律的な組織形態とは無関係である。会計単位は，一連の（サービス・ポテンシャルの—引用者）活動もしくは機能（functions）によって限定される。……資金理論は，所有主理論や企業実体理論が必ずそうしなければならないような企業活動の唯一の目的としての利潤決定に拘束されず，また，評価方法，評価問題（および報告書の内容と形式，その他の関係事項—引用者）にも拘束されない。」（W. J. Vatter., "Corporate Stock Equities", **Modern Accounting Theory** (ed. by Morton Backer), 1966, pp. 255-256.）
3) 飯野利夫，山桝忠恕編『会計学基礎講座』，有斐閣，1963年，215～236頁参照。
4) 浅羽二郎著『会計原則の基礎構造』，有斐閣，1959年，247～250頁参照。市村昭三著『資金会計の基本問題』，森山書店，1979年，105～113頁。番場嘉一郎「持分会計の基本理論」，『近代会計学大系Ⅲ持分会計論』，中央経済社，1974年，32～38頁。
5) われわれは，資金理論の計算構造論に関する主な研究者として，山口稲生氏，醍醐聰氏をあげることができる。醍醐聰氏は，「拘束概念が維持すべき資本（基本金）の認識基準」として活用されうるか，あるいは，その論拠を具備しているかどうかについて議論を展開されている。詳細は次の論稿を参照されたい。醍醐聰「公企業資本会計とバッター拘束概念」，『会計』，第112巻第3号，104～120頁。また，山口稲生氏は，資金理論の具体的な財務報告書への適用問題という段階まで掘り下げて，資金理論そのものの評価をなされている。すなわち，山口稲生氏は「通説を克服し得た資金理論は果して資金運用表を正当に矛盾なく主要財務報告書の地位に座しめることができるか。また，その場合言うところの営業報告書＝資金運用表が，いかなる意味をもちつつ，財務諸表の王座に据えられようとしているのか」という問題について，従来の利益概念の後釜として資金運用表において重要な地位を占める残余持分概念をその分析手段として実証的に解明されている。しかるのちに，「ヴァッターが何故に利益概念を排し，残余持分を強調する営業活動報告書を以て資金理論による正当化されたものとして体系化せねばならなかったという客観的意味」にいいかえると，資金理論および資金運用表が現実の企業会計に対して果たす役割について論究されている。詳細は次の文献を参照のこと。山口稲生稿，「資金

理論の営業活動報告書について―残余持分概念の分析を中心として―」,『九州産大商経論叢』, 第5巻第2号, 1965年3月, 63～85頁。
6) 浅羽二郎著, 前掲, 252～253頁。
7) この点について, たとえばヴァッターは, 次のように述べている。「株式会社が, たとえば銀行借入, 社債券および土地担保債権, 種々の優先株や普通株といったよういろいろな源泉から資本を調達するとき, 所有の概念 (notion of proprietorship) は非常に不明瞭になる。ある種の有価証券間の差異を明らかにするのは容易ではない。……『社債券』と呼ばれる多くの有価証券は, いくぶん株式の性格をもっており, またその逆のこともある。すなわち, 株式への転換特権, 累積特権, 利益参加条項などは株式と社債との区分をいくぶんあいまいにする傾向がある。かくして, 所有概念自体は客観的な適用に役立つ概念ではない。」と。(William J. Vatter., **The Fund Theory of Accounting and Its Implications for Financial Reports.**, 1947, p. 9)
8) 長松秀志稿「ヴァッターの資金理論(1)―資金会計と操作的方法―」,『駒大経営研究』, 第1巻第2号, 1969年1月, 36頁。
9) 長松秀志稿「ヴァッターの資金概念の形成」,『駒大経営研究』, 第2巻第3・4号, 1971年3月, 207頁参照。
10) 長松秀志稿, 同上, 207頁参照。
11) 山口稲生稿「ヴァッター資金理論における持分概念および残余持分概念」,『九州商大商経論叢』, 第3巻第1号, 1962年10月, 51～53頁参照。
12) 山口稲生稿, 同上, 45頁。
13) 山口稲生稿, 同上, 45頁参照。
14) 黒澤清著『資金会計の理論』, 1958年, 19頁。
15) 黒澤清著, 同上, 19頁。
16) 浅羽二郎著, 前掲書, 256頁。
17) 浅羽二郎著, 前掲書, 258頁。なお, この点について山口稲生氏は, 浅羽二郎氏の見解に基本的には同じ立場に立っていると思われる。すなわち, 山口稲生氏は述べている。「欲望充足的使用価値」規定としての借方資産―サービス・ポテンシャルは,「企業資産から, 具体的に企業内で機能し, 且つ, 相互に区別し得る具体的形態をもつ資産の実質的意義を骨抜きにした無内容なそれ自体, 何らの独立的意義を持たぬ概念」であり,「サービス・ポーテンシャルという極めて抽象化された一般化された使用価値の規定ですることの意味は, 資産が価値として, 生産過程において機能し, 生産的労働により新しく附加された価値と共に製品価値を構成し, 販売により収益が獲得されるという資本の自己運動に目を蔽い, その有用性の内容規定に関しても,『企業の収益活動に対する有用性』という如き営利のための役立ちという視点からの同一性が与えられているわけではなく, 広く, 人間欲望を満足する役立ちであって, 一定の企業目的概念, および企業目的に対する資産の機能概念をそれ自体のうちに具有しないことから明らかである如く, 目的機能を賦与すべきものとしての資金概念ないしは貸方概念の規定を前提としているところにある。従っ

て，ヴァッターの貸借対照表借方の把握は貸方との関連では対等の地位は与えられておらず，貸方の規制をうくべきものとして，従的な地位しか与えられていない。かかる資産把握に関するヴァッターの後退は，貸方，エクィティおよび資金概念に関する一歩前進として結果すると共にヴァッター資金理論の骨格を最終的に規定するのは資産概念ではなく，貸方概念であるということを示している。(傍点は引用者による)」と。(山口稲生稿,「ヴァッター資金理論における持分概念および残余持分概念」,『九州商大商経論叢』,第3巻第1号,1962年10月,47～48頁) 山口稲生氏のいわれる「貸方概念」とはエクィティ＝拘束概念を示し，「貸方」というときは，資金概念を拘束概念の系列に加えた意味，もしくは拘束概念と資金概念とを同じ範疇でとらえた意味であると思われる。もちろん，この「貸方」および「貸方概念」の理解の仕方には異論はないにしても，借方資産概念を基本的に規定するのが，「貸方」か「貸方概念」かのいずれであるのかが明らかでないように思われる。けだし，「目的機能を賦与すべきものとしての資金概念ないしは貸方概念の規定を前提としている」とか「ヴァッターの貸借対照表借方の把握は貸方との関連では……貸方の規制をうくべきものとして従的な地位しか与えられていない。(傍点は引用者による)」といわれるからである。この点の問題解決は，資金概念，拘束概念，資産概念，これら相互の関係把握にあると考えられるが，山口稲生氏は，別稿において「資金概念の性格を基本的，究極的に規定するものは，……持分の拘束概念であって，借方資産のサービス・ポテンシャル概念ではないという考え方」(山口稲生稿,「資金理論の営業活動報告書について―残余持分概念の分析を中心として―」,『九州産大商経論叢』,第5巻第2号,1965年3月,65頁)を表明されているところから，拘束概念と資金概念とを同一レベルで理解する「貸方」の立場より，むしろ借方資産概念に対する規制さらには，資金概念の性格をも基本的，究極的に規定する，拘束という「貸方概念」の立場をとっておられるように理解される。

18) W. J. Vatter., "Corporate Stock Equities", **Modern Accounting Theory** (ed. Morton Backer), 1966, p. 256.
19) 資金と資産との実質的な識別，連関については，青柳文司氏の見解を参照されたい。青柳文司稿「ヴァッターとメイ―会計主体論をめぐって―」,『横浜大学論叢』,第10巻第2号,1959年3月,55～56頁。および「ヴァッターの資金理論―統一理論への志向―」,『横浜大学論叢』,第10巻第3・4合併号,1959年9月,74～76頁参照のこと。
20) 山口稲生氏の次の論稿において推察できるように，山口稲生氏の論理は，貸方拘束概念こそ資金概念，資産概念を究極的に規定する概念であり，さらに，ヴァッター資金理論における理論構造を基本的に規定するものは，資金概念でも資産概念でもなく，拘束概念である，という結論に到達するように思われる。詳細は，山口稲生氏の次の文献を参照されたい。山口稲生稿,「資金理論の営業活動報告書について―残余持分概念の分析を中心として―」,『九州産大商経論叢』,第5巻第2号,1965年3月,63～85頁。

第3章

ヴァッター資金理論の計算構造

1 はじめに

　ヴァッターは，その主書（Fund Theory and Its Implication for Financial Reports, 1947）の第6章，第7章において実際的な財務報告書への適用という段階まで資金理論の徹底化を試みている。そこでは，資金運用表として資金比較貸借対照表と営業活動報告書の2つが，体系化されている。その際，決定的重要性を以て登場してくるのが，残余持分（residual equity）概念である。これは，複式簿記の基本的機構から資産と持分の均衡を樹立するための差額概念であり，「全資産が，資金が設定された一連の機能目的に拘束されるという意味で」特定の拘束を受けない「その残余に対する最終的で広範な拘束」[1]として，あくまで借方，貸方の差額補完的意味でしかないものである。したがって，資金貸借対照表の借方，貸方いずれにも出現可能な概念である。つまり，一定資金内においては，資産（assets……以下略称 A）＝特定の持分（specific equity……以下略称 SE）＋残余持分（residual equity……以下略称 RE），あるいは，A＝SE－RE という等式が成立する。このように，RE は，SE による資金運用の限定を超えて，あるいは，不足して運用される資金運用の把握という資金活動を考察する重要な指標となる。そして，この等式に従い，資金の比較貸借対照表は，連続

した二期について資金という管理領域内での資産―サービス・ポテンシャル―の運用状態の結果（資金ストック）とその運用限定 SE，および RE の正味増減高を表示する。一方，営業活動報告書は「RE に影響を与える諸取引の総括である」[2]といわれ，資金貸借対照表の RE 正味増減高の原因追求たる資金フローを表示する。

ところで，彼は，これらの資金運用表で留保利益計算と多様な損益計算が可能なことを示している。まず，単一資金貸借対照表においては，損益計算は当初から問題とされないが，各資金内の RE 総計（全体としての RE）が，コンベンショナルな繰越利益剰余金に相当するものである[3]，と明言している。つまり，各資金貸借対照表に現われる個別資金 RE を合計すれば，全体としての企業資金 RE が求められ，しかも，それが従来の繰越利益剰余金（留保利益）を示すという主張である。これすなわち，個別資金内の RE が繰越利益剰余金の要素として，あるいは留保利益の資金的表現として取り扱われている事態を示すものである。

他方，営業活動報告書においては，収益－費用の差としての損益計算が可能であるとし，第6章設例企業資金の二区分（固定，流動）の場合，流動資金（Current Fund）にこのことを示す。つまり，従来の損益計算書収益項目を RE ＋項目として，また，費用項目を RE －項目という形で吸収し，損益各項目は RE という計算項目としての道具に利用されながら配列されることになる。しかも，これらの項目は単なる羅列であり，読者の要求する各種の利益は，読者自身の項目の選択，再編成による計算に任せ，読者に利用可能な全てのデータを総額表示することによって多様な損益計算が果たされるもののごとく提示している[4]。すなわち，彼が従来の利益概念を否定し，その後釜としての RE 概念を強調しながら，営業活動報告書が，従来の損益計算書と資金運用表の両方に表示されている諸項目を全て網羅し，RE の増減項目として表示し直すことから，損益計算の全否定ではなく，内包的否定という形をとるに至る。その結果，資金理論は，意識的かつ積極的に損益計算を行わないが，やろうと思えばできるという論法が生まれるものである。

第3章　ヴァッター資金理論の計算構造

　かくして，資金理論の計算構造の問題点は，その計算的武器として用いられるREの計算論理からして，果して，単一資金貸借対照表における留保利益計算および営業活動報告書（流動資金）における多様な損益計算の論理を必然的にもち合わせているのかどうかであり，この二点について改めて論証せざるを得ない。

　本章は，この点に着目し批判的吟味を加えることが目的である。以下，資金理論の計算構造に関する一試論を展開するにあたり，ひとまず，資金理論の理論構造，概念構成を要点的に追試し，若干の問題点について指摘しておきたいと思う。

2　資金理論の理論構造

　ヴァッターは，資金理論の中心概念として会計の「注意の領域」(area of attention)であり，また，企業資産の「操作の領域」(area of operation)である彼独特の資金概念を措定する。そして，資金概念に語意を与える諸概念は次の4つの概念であるとされている。
(1) 資産のサービス・ポテンシャル概念。
(2) 持分の拘束 (restriction) 概念。
(3) 特定の拘束 (specific restriction) を伴わない資金内への資産の流入としての収益概念。
(4) 資産の資金外への流出としての費用概念。

である。しかし，資金概念に具体的性格規定を与えるこれら諸概念を要約すれば，ヴァッター資金理論の支柱となる概念は，(1)資産のサービス・ポテンシャル概念，および，(2)持分の拘束概念であるということができる。なぜなら，収益および費用概念は，いずれも資産—サービス・ポテンシャル—の資金内への新たな流入，あるいは，資金外への解放 (release) というごとく，資金内での拘束概念の規定関係としてとらえられているからに他ならない。したがって，一定の企業の貸借対照表は，資金の観点からA＝R（Aは資産，Rは資産に対する

第Ⅰ部　会計構造の研究

拘束を示す。以下，省略A, Rで示す）であり，これが資金理論の「複式簿記の基礎等式」である。

　では，A＝Rのうちいずれが，資金概念の性格を究極的に規定するのであろうか。そこで，資金概念が貸方系列の概念であることを指摘された浅羽教授の見解[5]に基本的に立ちながら，さらに貸方Rの意義について再検討するとき，エンティティ論，計算構造論において資金概念の性格を基本的，究極的に規定するものは，この持分の拘束概念であると考えられる。このように理解すれば，資金とは，あくまで計算技術上の対象規定としてとらえられ，資産—サービス・ポテンシャル—が機能する領域，すなわち，会計単位であることが一層明確となる。つまり，一定資金内においてA＝Rの両概念の関係をとらえると，貸方Rが借方Aに一定の機能目的を賦与する関係にあると考えられる。ただし，「欲望充足的使用価値」規定としての借方A—サービス・ポテンシャルは，「企業資産から，具体的に企業内で機能し，且つ，相互に区別し得る具体的形態をもつ資産の実質的意義を骨抜きにした無内容なそれ自体，何らの独立的意義を持たぬ概念[6]」であり，「その有用性の内容規定に関しても，…広く，人間欲望を満足する役立ちであって，一定の企業目的概念，および企業目的に対する資産の機能概念をそれ自体のうちに具有しないことから明らかである如く，目的機能を賦与すべきものとしての…貸方概念の規定を前提としているところにある。」[7]とされるからである。換言すれば，サービス・ポテンシャルがいかなる資金単位に拘束されているかという質的規定賦与の関係（A⇐R）が成り立ち，貸方Rが，企業内の経営者によって機能分化された資金という管理領域の活動，したがって，資金資産（fund assets）—サービス・ポテンシャルの機能を条件づける概念として規定されているのである。このように理解すれば，貸方R概念こそ，資金，資産概念を基本的，本質的に規定する概念であり，かつまた，

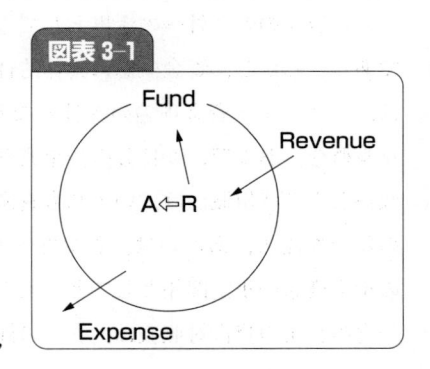

図表3-1

Fund
Revenue
A⇐R
Expense

第3章　ヴァッター資金理論の計算構造

ヴァッター資金理論の骨格を究極的に規定するのは，借方A概念でなく，貸方R概念であるということができよう[7]。

さらに，この貸方R概念について検討しておこう。ヴァッターは，従来の所有主理論，および企業実体理論の基礎にある人格性，請求権，所有概念を一切排除する。すなわち，これらの理論が，貸方持分を以て「所有主の債務（負債）および所有権（正味財産）」とか「資産に対する請求権」であると主張する点を批判し，請求権は資産に対してではなく，人格に対して生ずるものである。請求権は，財産権の範疇にあるのであり，財産自体にあるのではない。このことは，債権者が特定の資産に対して特定の請求権をもつものではないということによって証明される。また，所有主持分（資本金，各種剰余金および積立金）についていえば，所有主持分の分類に意図される主な目的は，資産の使途に加えられる種々の拘束を表示することであり，持分の法的意義を表示することではないとして予想損失準備金，設備拡張準備金等を例にあげ，これらは，企業の全般的経営担当者の意思決定に基づく「剰余金の拘束的処分」であるとしている。さらに，決定的事例として「所有主」および「負債」の分類，区別を困難にする持分として自家保険引当金，費用平均準備金の例，あるいは，公共企業体（官庁，慈善事業）の会計にみられる臨時支出積立金，特定積立金の例をあげて説明し，結局，これらは法的概念ではない。したがって，従来の人格的，法的な持分規定をなす諸理論では，一貫性を以てこれら諸項目を説明しきれない。そこで，彼は，これら理論のもつ人格性を排除し，貸方諸項目の統一的理解を図るために「内容の同質性」(Homogeneity of Substance)の基準を充分満足し，会計の本質的な機能に副う概念として持分の拘束概念を強調するに至る[8]。

かくして，この持分＝拘束概念によって従来の企業実体理論であるいは説明困難であった貸方諸項目も一応の統一的説明がなされているかに見える。しかし，むしろ問題とすべきは，彼が，従来の貸方諸概念を検討する過程で資本（所有主持分）と負債の区別の困難な持分があることから，あるいは，両者の区別の困難なところから（いわゆる自己資本の他人資本化現象のため）両概念の区別，解明の問題を回避し，容易に両概念を捨象し，「資産に対する拘束」という一

点で貸方諸項目を同質レベルの問題として把握し直したにすぎない点にある。なぜ，資本および負債概念を捨象せざるを得ないのか。その必然的論拠について積極的な意見が示されていない。その結果，資本金，負債，積立金，剰余金等は，「資産に対する拘束」内容をもつ項目として，すなわち，一定の資金目的，性格によって「特定の役立ち」へと特定化，具体化される項目として同質化されるに至る。換言すれば，これら諸項目は，特定の持分（SE）であり，相対的に拘束の内容が特定であるから，拘束力が強大である。したがって「資金への資産拘束の必須条件を提示するもの」[9]といえよう。

さて，かように単一貸借対照表貸方諸項目の資産に対する拘束という一点での同質的把握の結果，その法的，人格的な源泉原因は言うに及ばず，資本の所有・支配関係を一切捨象し，したがって，持分確定計算は放棄せられることになる。その結果，借方Aの生産面だけが残ることになり，今や，彼にあっては，いかなる利害関係者からも中立化した物的存在たる会計単位，すなわち，企業内部の「資金」の管理領域にのみ眼を向け，資産の具体的運用形態（資金状態）把握とその管理が重要な問題となってくる。

3 資金貸借対照表の構造

ヴァッターは，複会計制度（double account system）における資金の二区分（固定および流動）と両資金の自由資金交流から，両部門が，あたかも2つの独立した資金単位を構成するかのような形式面，そして質的相異をも重視し，「貸借対照表の二区分への分割が単なる紙上の整理（paper arrangement）以上のものであり，この思考は，明らかに企業の財務が2つの異なる資金を表わすものとみなされることを明示している。」[10]と述べる。そこで，彼はこの思考を拡張し，固定，流動視点をさらに資産の機能分野へと拡大し，その質的相異点に着眼し「管理領域」としての多数の資金単位を設定することができるものとする。つまり，資金単位の設定基準は，貸借対照表形式のみならず，たとえば，内部組織，製品別，地域区分等企業内の事情に応じ，あるいは，経営者の意思

第3章 ヴァッター資金理論の計算構造

による資金の機能目的によっても資金設定が可能であるとする。そして，「必要なときはいつでも一度設定した資金は，さらに小さな単位に分割したり，あるいは，さらに大きな単位に結合したりすることができる。」[11]と考える。

かくて分割された企業内部の資金にサービス・ポテンシャルという実体的内容を捨象された資産が拘束留保されることにより，その具体性が賦与される関係，すなわち，資金内の資産とその拘束関係を示すのが，かくて分割された個別資金貸借対照表である。そして，彼は，複会計制度では明らかに把握されていない各資金単位相互の資金の振替関係に注目し，REをその指標とするのである。

今，図表3-2に示すように，貸借対照表を二分割して「資本資金貸借対照表」および「流動資金貸借対照表」を作成するとき，前者の借方表示－REが後者貸方へ振り替えられて＋REになる関係にある。そして，このREによって「資産の資金間の資金的拘束転換，資産の機能転換」という事態が示される。すなわち「一方の資金の拘束よりの資産の離脱を－REがまた，他方の資金的拘束へのその資産の参加を＋REが表すという資産の資金間の拘束転換の事態が残余持分－RE，および＋REによってさし示されているのである。これを資産＝サービス・ポテンシャルに即して言えば，本来，資本資金という管理領域において機能すべき資産が流動資金内に移動することによって流動資金の機能目的を賦与されるというその機能転換の事態が残余持分によって示されている（傍点は著者）」[12]といえる。

ところで，注意されるべきは，このような個別資金貸借対照表のREが，繰越利益剰余金（留保利益）の要素として取り扱われることである。つまり，彼の資金運用表にあっては，どこにも期間利益は表示されず，繰越利益剰余金に対応するものとしてREが強調され表示される。では，なぜ，期間利益を問題とせず，全体としての繰越利益剰余金としてのREのみを強調するのであろうか。

彼によると「賃金は単なる生産費ではなくて，それは同時に営業活動からもたらされる総収益（general proceeds）の分配でもある。利子と配当金は，同じ

総収益からの他の分配である。もはやコストと収益分配（distribution of income）の区別は…明確ではない。」[13] と。ここで，従来の内部留保額を除いて，配当金，利子，賃金のみが収益分配であり，他の税金，原材料費等が全てコストと考えられるのか，あるいは，内部留保額を除いて全てコストと考えられるのかの疑問が生じるが，こうした社外流出項目は，全てREの減少項目として営業活動報告書に表示されることから，全て同質項目としてとらえられているといえよう。とすれば，総収益から配当金，社債その他借入金に対する利子，賃金，税金を差し引いた後に得られるのが繰越利益剰余金であると考えられる。したがって，貸借対照表の資金分割前には，繰越利益剰余金は，企業の総収益を分配（処分）した後の残高であり，企業の取得する従来の留保利益ないし減価償却費を含まない留保資金であるという命題が成立する[14]。この命題は，終始，有効である。したがって，また，この命題を貸借対照表分割後においても貫徹しなければならなくなる。

さて，貸借対照表の資金分割後，彼が，個別資金のRE総計が全体としてのRE，すなわち，コンベンショナルな繰越利益剰余金（留保利益）に相当すると明言することから，個別RE総計と全体としての留保利益としてのREは，予め質的，量的に一致することが予定されているのである。すなわち，「コンベンショナルな繰越利益剰余金がREである」という前提が，彼の単一資金貸借対照表に成立することになる。そして，この前提に立ちながら，資金内の活動の指標としてのREの変動を従来の資金運用表の手法によって表現しようとしているのである。そこで，彼には貸借対照表分割の際に従来の資金運用表作成の技術とは一種異なる操作が必要になってくる。今，REが，資本資金借方，流動資金貸方に出現する一般的パターンを説明すると，貸借対照表からあらかじめ繰越利益剰余金を控除しておき，その一定額を各資金の借方，貸方に分割される操作を行う。つまり，従来の資金分割による資本資金（Capital Fund）から繰越利益剰余金を控除しておく。その結果，資本資金のRE_1は資産と特定の拘束の差額となり，この資本金および長期負債から固定資産を賄った残余のみの振替が，流動資金（Current Fund）へと示され，両資金のREの合計が繰越

第3章　ヴァッター資金理論の計算構造

図表 3-2

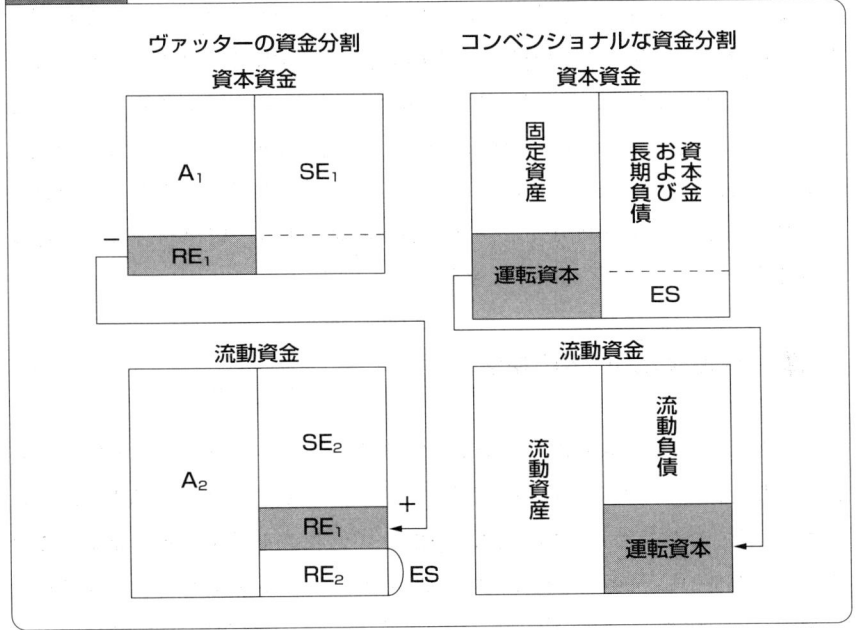

ヴァッターの資金分割／コンベンショナルな資金分割

資本資金：A_1, SE_1, RE_1／固定資産、資本金および長期負債、運転資本、ES

流動資金：A_2, SE_2, RE_1, RE_2, ES／流動資産、流動負債、運転資本

利益剰余金と一致して，2つの RE の関係は，矛盾なく片づけられることになる[15]。すなわち，$-RE_1+RE_1+RE_2=RE_2$ となり，したがって，全体としての RE (RE_2) ＝留保利益 (ES) となる。

今，この間の事情を従来の資金運用表と対比して図示すれば次のようである。そして，2つの資金貸借対照表は，図表3-2より次のように表される。

$A_1 = SE_1 - RE_1$ 　　　　　　　　　　　　　　　　　(1)

$A_2 = SE_2 + RE_1 + RE_2$ 　　　　　　　　　　　　　(2)

企業資金 (全体) の単一貸借対照表を作成すれば，

(1)式と(2)式の和により，

$A_1+A_2=SE_1+SE_2+RE_2(ES)$ ……(3) となる。そこで，この(3)式の留保利益 (ES) ＝RE_2 という事態から，実は，留保利益が，流動資金の残余持分 RE_2 に集中的に表現されるものであることがわかる。換言すれば，単一貸借対照表を

33

作成しなくても，流動資金貸方 RE_2 が留保利益であるという事態を示しているのである。とすると，企業資金の二区分（固定，流動）の場合のみならず，両資金細分化の場合にも流動資金に属する各資金の RE を合計すれば RE_2 になるため，理論上ここに留保利益（ES）＝ RE_2 という命題が成立することになる。したがって，彼の主書第7章設例のように，経営の機能目的による多資金設定の場合にも，それらを二区分（流動資金，資本資金）に集約し，そして，流動資金に ES＝ RE_2 の命題が成立するかどうかの検討により，留保利益計算の可能性の是非を問うというアプローチをとりたいと思う。

4 資金貸借対照表の論理

ところで，各資金内の RE は差額補完的概念であるかぎり，各資金貸借対照表の借方，貸方いずれにも出現可能な概念である。貸方に現われる RE については，何ら問題はなく，全体としての RE が留保利益を示すことになる。このことは，資金の二区分（流動，固定）を問題とする第6章設例[16]によって証明される。この設例において注意さるべき重要な点は，利益剰余金が2つの要素（流動資金と資本資金）に分割されていることである。つまり，貸借対照表の利益剰余金を2つの資金に分割表示することは，「運転資産（working assets）の資本的使途（capital uses）への一定の振替を示す。」[17]ことを意味している。この流動資源（Current resources）の資本資金への凍結は重要であり，表示されなければならない。また，これら2つの非常に異なった種類の「剰余金」の変化を比較することによって凍結状態を知ることができるとする。この点，彼には，不用意にも利益剰余金が運転資本であると考えられていることを意味する。すなわち，利益剰余金が一定の資金目的のための自由裁量な資金であり，ノーマルな状態では資本的使途へ振り替えられるという前提が彼には確かにある。とすれば，全体としての RE（利益剰余金）と個別資金の RE 総計とが，質的・量的にあらかじめ一致することが予定されているのである。すなわち，「コンベンショナルな繰越利益剰余金が RE である」という前提が彼の資金貸借対照表

第3章 ヴァッター資金理論の計算構造

には成立することになる。そこで，彼には貸借対照表分割の際に従来の資金運用表作成の技術とは異なる操作が必要になってくる。つまり，従来の資金分割による資本資金から繰越利益剰余金を控除しておき，それを流動資金の貸方に設定しておく。そして，彼が，運転資産の資本的使途への一定の振替というように，その一定額を資本資金へ振り替えたものと考えられる。このように，REが両資金貸方に出現する場合，両資金に表示されるREの合計（$RE_1 + RE'_2$）は，ES（RE_2）と何なく一致して，2つのREの関係は矛盾なく片づけられることになる。したがって，REが貸方のみに出現する場合，命題 $ES = RE_2$ は明らかに成立し，その限り留保利益計算も可能なのである。今，コンベンショナルな資金運用表と対比してこの間の事情を図示すれば図表3-4のようになる。

しかし，問題は借方に現われるREである。すなわち，第7章の借方REに対する説明によってこの命題に矛盾が生じるのである。一般に，持分が資産に

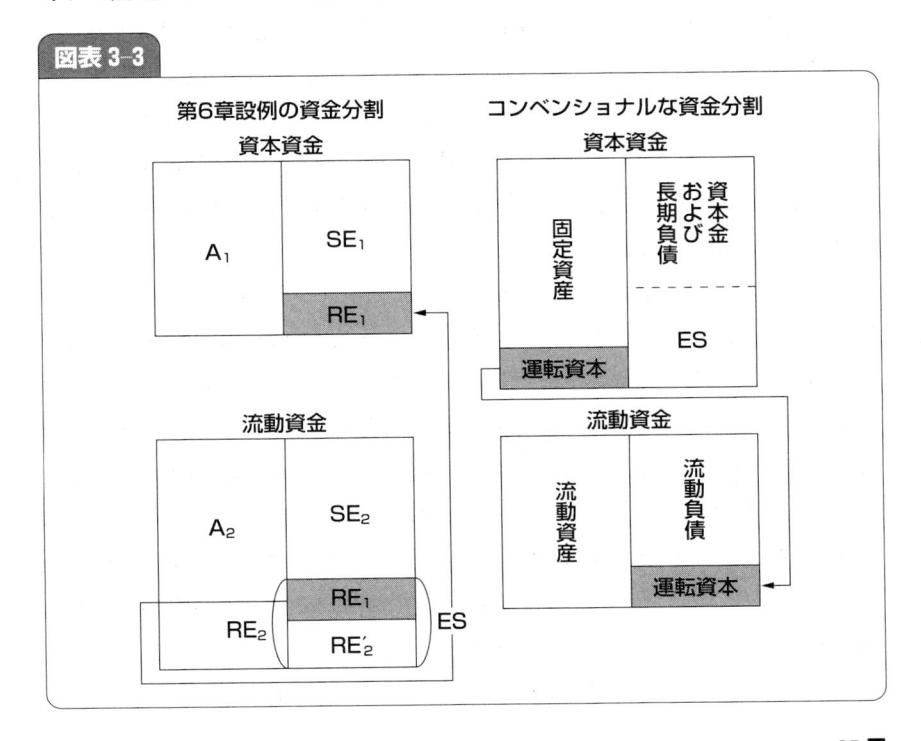

図表 3-3

第6章設例の資金分割
資本資金
A_1 ／ SE_1 ／ RE_1

流動資金
A_2 ／ SE_2 ／ RE_1 ／ RE_2 ／ RE'_2 ／ ES

コンベンショナルな資金分割
資本資金
固定資産 ／ 資本金および長期負債 ／ ES ／ 運転資本

流動資金
流動資産 ／ 流動負債 ／ 運転資本

対する拘束であるとすれば，大なる「資本損失」がないかぎり，資金内の資産を超える特定の拘束がノーマルな企業の状態を前提とすれば存在するはずがない。しかし，ヴァッターは，資本資金貸借対照表の借方に RE_1 が表示されうることについて次のように述べる。

すなわち「一見このマイナスは奇妙に見える」けれども「しかし乍ら，わずかな反省でこの借方残高は実際上重要な数字であることが明らかとなる。それは，ある重要な財務活動の正味の結果を表わすものであり，事実，この借方残高は他資金からの受取勘定（receivable）である。」[18] と。換言すれば，借方－RE_1 はその資金からの他資金への資産の振替という意味で前貸金（advance）を示すことから「さらに，それ（借方残高）は，ある資金又は諸資金の中にこれと同額の特定の拘束を（その返済分の拘束として……著者）実際に認識しなければならないことを意味する。」[19] と言わざるを得ない。したがって，SE と RE が対立的概念として設定されている以上，そしてまた，その前貸をうけた流動資金にはその返済を拘束するものとして前貸額 RE_1 と同額の SE が設定されなければならない以上，流動資金においてはその特定の設定額 RE_1 だけ RE_2 が減少せざるを得ないことになる[20]。その結果，当初の命題 $ES=RE_2$ に反し，各資金の RE 総計は全体としての繰越利益剰余金に相当するものとはならない（$ES \neq RE_2$）という矛盾に陥るのである。

にもかかわらず，なおもヴァッターは「これらの資金残高（個別資金の RE）を集約すれば，その総計は，たとえその数字がどんな価値のものであっても，コンベンショナルな繰越利益剰余金に相当するものを示すであろう[21]。」と明言する。この主張は，RE 総計が数値的に繰越利益剰余金と一致しなくても，質的に同一のものである。すなわち，内容的には従来の繰越利益剰余金を示すものであると考えられるが，われわれは否定せざるを得ない。というのも，個別 RE の総計と全体 RE の関係は，元々 RE という同一概念の個別と全体への適用のゆえに，また，その適用に値するために個別 RE の総計は全体としての RE（繰越利益剰余金）と同一性質のものでなくてはならないはずであった。また，彼にあっては，両者の関係が第 6 章設例のように質的，量的に一致するこ

とがあらかじめ予定されていた。しかし、今や「コンベンショナルな繰越利益剰余金がREである。」という前提、ないしは命題が成り立たず、いかにしてもREが従来の繰越利益剰余金に相当するという質的一致は考えられないものである。けだし、個別REの総計（RE_2）≒全体としてのREという量的乖離、したがって、全体としてのREないし資金持分（fund equity）RE'_2と従来の繰越利益剰余金ESとの量的乖離から、もはや資金貸借対照表にあってはREの表示はなすが、留保利益ESは表示しえないといわざるを得ないのである。

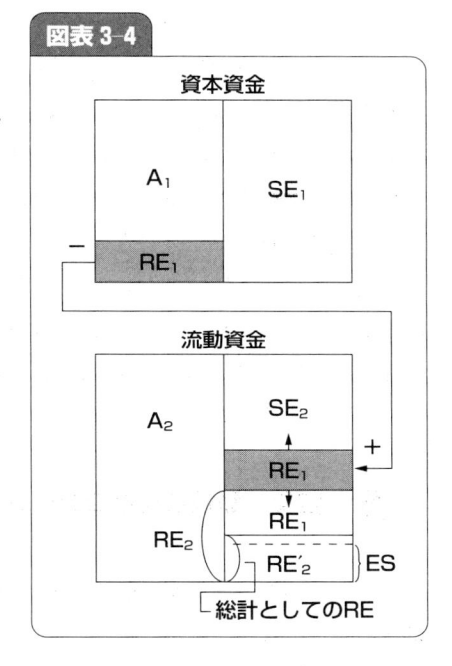

図表3-4

資本資金

A_1　SE_1

RE_1

流動資金

A_2　SE_2

RE_1

RE_1

RE_2

RE'_2　ES

総計としてのRE

そこで、両者の量的乖離の根拠を整理すれば、結局、次の2点に絞られる。

第一の根本的理由は、RE_1借方残高の説明から前貸金をうける資金側の同額RE_1の減少によるもの。すなわち、流動資金貸方の前貸金と同額のRE_1の特定の拘束化（→RE_2）によるRE_2のRE_1分減少。その結果、当初の命題に反しES≒RE_2という矛盾に陥ることは前述のとおりである。したがって、RE_1→SE_2によりこの段階ではES＝RE_2－RE_1というRE_1分縮小化した形での留保利益計算が考えられよう。ところが、決定的にもES≒RE_2－RE_1という事態が示される。それが、第二にあげられる資金理論に基づく時価評価、振替および修正に起因するものである。事実、彼は、棚卸資産、有価証券等について未実現評価損益を発生期に計上し、これを提示してみせる。そして、結局、全体としてのRE、すなわち資金持分と従来の繰越利益剰余金との本質的差異について認めながら、むしろ、両者の差異を2つの理論、企業実体理論と資金理論による取引の測定と期間帰属の差異から生じることとし、持分調整表によって期首持

分における両者の差異の説明，期中の各々の変動，また，その差異分析へと議論を展開しているのである[22]。この測定基準，評価方法の問題は一応扨措き，われわれが当初命題とした $ES=RE_2$ が，実際上，$ES \lneq RE_2-RE_1$ の事態にまで ES を縮小化した形で否定せられたものである。

かくして，われわれは，以上の内在的矛盾の指摘（特に RE_1 の RE_2 化）によって，各期の資金貸借対照表にあっては，全体としての RE は留保利益を示さず，留保利益計算はできない。そして，また，比較貸借対照表における RE の増減計算は，留保利益の増減計算ではないと結論づけうる。したがって，この意味において資金理論の計算的武器たる RE 概念の実際的適用は，不徹底に終わったといえるであろう。

5　営業活動報告書とコンベンショナルな財務諸表

今，コンベンショナルな財務諸表とヴァッターの資金運用表との関係を示せば次のようになる。

図表 3-5

```
                    ┌─→ 資金の比較貸借対照表 ┐
貸借対照表（損益計算書）＋ コンベンショナルな  ⇒ 営業活動  │ ヴァッターの
                        fund statement          報告書    │ 資金運用表
                                                          │
                         内包的否定                        │
（伝統的）損益計算 ─────────→ 資金の管理計算……計算目的  │
                         （損益項目の吸収）      （機能）  │
                                                          │
                         全否定                            │
（  〃  ）利益概念 ─────────→ 残余持分概念……中核概念   ┘
```

そこで，企業資金の二区分（資本資金と流動資金）の場合を想定すれば，彼の第6章設例では次のような営業活動報告書が示されている。

営業活動報告書は，この名称からもわかるように何らかの外部利害者集団への報告・伝達が指向させられ，したがって，ディスクロージャーの手段として提唱されたものであるといえよう。そして，この営業活動報告書は，もちろん，

図表3-6

Wyman Company
営業活動報告書，流動資金，1939年12月31日現在

流動残余持分への加算：
①	純売上高	$ 2,400,000	
②	配当金，Hart 社	52,000	
③	利子および地代	7,000	
④	短期的営業活動に含められ，資本資金から振替えられた固定資産費（資本資金報告書による）	200,000	
	流動残余持分の加算額合計		$ 2,659,000

流動残余持分よりの控除：
⑤	売上原価，但し減価償却費および除却損を除く	2,110,000	
④	減価償却費	200,000	
	税金	13,000	
	利子	15,000	
	優先株に対する配当金	14,000	
	流動残余持分からの控除額合計		2,352,000
	拡張または振替に利用可能な残高		307,000
	減：資本資金への振替額		331,000
	流動残余持分の正味減少額		$ 24,000

※但し，①～⑤の記入は著者によるものである。

営業活動報告書，資本資金，1939年12月31日現在

資本支出：
贈与された土地	$ 150,000	
Hart 社株購入	640,000	
建物および設備の増加分	10,000	
優先株償還	201,000	
使用料，手数料等の支払	5,000	
市場性ある有価証券の購入	65,000	$ 1,071,000

資本調達：
土地の受贈	150,000	
社債発行（手取金）	330,000	
社債売却	30,000	
普通株発行	225,000	
固定資産控除手取額	5,000	$ 740,000
短期的営業活動からの資金		331,000

持分減少分：
短期的営業活動に含められる		
固定資産費（流動資金報告書による）	200,000	
減：増価額の減価償却費：	45,000	
正味固定資産費用の配賦	155,000	
優先株償還プレミアム	1,000	
除却固定資産の償却不足額	35,000	191,000
資本資金残余持分の正味増加額		$ 140,000

期間利益を示さないが，流動資金の営業活動報告書をみれば，そのデータによって多様な損益計算が可能であると明言する。すなわち，「利益概念は，異なる目的により異なる意義をもつものであり，それら全ての目的に合致する利益概念は存在するものではない。がしかし，もしこれらの報告書の読者が利益計算をなしたいと思えば，全ての利用可能なデータは表示されており，彼は自分の立場に適合するように，それらをアレンジできるのである。」(op. cit., p. 93) と述べることから，損益計算を可能にするようなデータが含まれねばならず，したがって，営業活動報告書に従来の損益計算書と資金運用表の全ての項目を含むことが要求されることになる。このようにして，従来の損益計算書損益項目を RE の増減項目という形式で吸収し，損益各項目は RE という計算項目としての道具に利用されながら配列される。これらの項目は，損益結果の内訳を示すため，読者の要求する各種の損益数値は，読者自身の項目の選択，再編成へと委ねられ，はじめて多様な損益計算が可能であるということになる。たとえば，営業純収益を知りたいと思えば，①－(④＋⑤) によって，また，純利益（合計）を知りたい読者は，①－(②～⑤の合計) というようにである。このように，流動資金の「RE に影響を与える諸取引の総額」表示という形で，外部利害者の要求を満たす情報が豊富に盛り込まれることによって，多様な損益計算も外部の読者によって確かに可能である，自動的に満たされるといわざるを得ない[23]。

しかしながら，著者の例示のごとく，損益計算を行うのは従来の損益計算書である。すなわち，読者自身が，従来の損益計算書の観点に立ってはじめて果たせるわけであり，営業活動報告書が，自動的に行うわけではない。否，損益計算を必然的に行う計算構造をもち合わせていないのである。

すなわち，営業活動報告書は，元々，資金貸借対照表の RE の増減原因としての資金フローを計算，表示するものであり，たとえ，多種の損益計算を可能にするような詳細なデータが計上されようとも，あくまで RE 増減の内訳を示す詳細なデータが計上されているにすぎず，資金フローを把握しえたのであって，それが同時に損益計算をも自動的に果たすという計算構造のものではない。

したがって、営業活動報告書における計算論理は、従来の損益計算書損益項目および資金運用表における資金の源泉・使途項目を RE の増減項目としてとらえ、資金貸借対照表の RE の正味増減高を算定するところにある。したがってまた、流動資金にみられるごとく収益（RE＋項目）－費用（RE－項目）によって損益が計算されるのではなく、単に、RE の正味残高が計算されるのみである。

そうすると、ヴァッター資金理論の計算的性格は、資金の在高ないしは資金に関する数量計算の域に留まり、もはや価値計算（損益計算）を行う計算論理をもち合わせず、元々、損益計算はできないものであると考えられうるが、では、その必然的論拠は、どこに求められるのであろうか。それは、結局、エンティティとしての「資本」と「資金」の本質的差異に還元しうるように思われる。そして、このことが、価値計算体系を有する企業会計と家計やその他の資金に関する会計との違いに他ならないことは言うまでもない[24]。

6　損益計算と資金の管理計算

ところで、一般的に「エンティティとは、……独自の目的をもち、それ自体、自足完了した統一的財産集団のことであり、それは独自の目的のために拘束された財産集団であるがゆえに、これを『基金』または『資金』と呼んでもよく、その独自の目的を利潤追及目的と明確に規定するなら、この財産集団は『資本』ということになる。」[25]とされる。したがって、「資本」と「資金」の相異は、財産集団それ自体に具わる統一的な独自の目的観に求められており、その目的の一般化、すなわち、一般的規定としての「資金」は、「財産＝拘束」（$A=R$……著者）という関係で表すことができる。そして、その目的が、歴史的に「利潤追及目的に拘束されたもの」として特殊化されるとこれを「財産＝資本」（$A=K$……著者）の関係において理解することができる[26]、とされている。

しかしながら、エンティティとしての「資本」（$A=K$）と「資金」（$A=R$の貸

方概念としての資金)の本質的相異は,むしろ維持概念の有無にあるのではないだろうか。一般的に,「資金」という場合,元々,±0になってもよく,維持概念がないことは言うまでもないであろう。では,エンティティとしての「資本」に維持概念があるという場合,いかなる意味においてあるといえるのであろうか。

さて,エンティティ論の枠内で「資本」概念を論じる場合,株式会社における資本の所有構造に着目し,自己資本の他人資本化現象による自己資本と他人資本との同質的把握,あるいは,「資本の社会化」を反映して「企業資本の一体性」を強調するかぎり,両者を包摂した意味において,これを一般的にいわれるエンティティとしての「資本」と規定することができよう。ヴァッターにあっても,拘束という一点で貸方諸項目を同質化し,自己資本,他人資本共に特定の拘束 SE の中に押し込めるのである。がしかし,このように理解したからといって,企業資本における「自己資本の中心的重要性」が,否定されたことにはならない。この点の強調は,計算構造論において反映されなければならないと考える。

というのも,企業会計の計算構造上,利益計算の基礎額として損益の有無を最終的に決するのは,資本金勘定に他ならないものである。したがって,われわれが計算構造論においてエンティティを論ずる場合,この資本金(自己資本)のみを指してエンティティと呼ぶのであり,そうする由縁のものは「それが自らの手で自らを維持存続せしめ,かつ,自らの価値を増殖するものとして認識されることを意味する」[27]からであり,したがって,企業が最低限維持すべきものであるという維持概念を有するからである。そして,この維持すべきものを維持しながら,これを超過する剰余を利潤と呼ぶわけであり,まさに,われわれは,自己の価値増減としてプラス(利益)かマイナス(損失)かのエンティティ,すなわち,資本金(元本)を問題としなければならない。かくして,「資本」と「資金」の本質的差異は,資本金(維持)概念の有無の問題であり,したがって,それがまた,損益計算の可能性の問題でもあることになる。

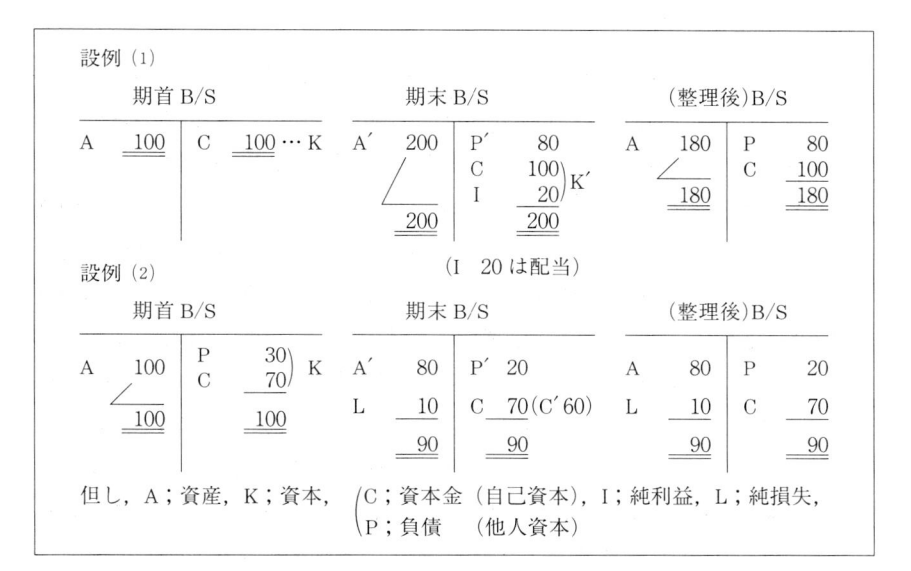

第3章　ヴァッター資金理論の計算構造

```
設例(1)
      期首 B/S              期末 B/S              (整理後)B/S
  A  100  │ C  100 …K   A′ 200 │ P′  80        A  180 │ P   80
                               │ C  100 ⎫K′           │ C  100
                               │ I   20 ⎭             │     180
                           200       200          180
                          (I 20 は配当)

設例(2)
      期首 B/S              期末 B/S              (整理後)B/S
  A  100  │ P   30 ⎫K   A′  80 │ P′ 20        A   80 │ P   20
          │ C   70 ⎭    L   10 │ C  70(C′60)   L   10 │ C   70
     100       100           90      90            90      90

但し，A；資産，K；資本，(C；資本金（自己資本），I；純利益，L；純損失，
                      (P；負債　（他人資本）
```

設例(1)

　今，営業開始時，期首資産＝期首資本金，すなわち，A＝K(C) の場合を想定すれば，正味財産（純資本）在高の比較計算により

　　期末資産－期末負債－期首資本金＝損益，もしくは，

　　　　$\underbrace{A'-P'}_{K'(C')……期末正味財産}-C=I \text{ or } L$……(1) である。

設例(2)

　また，A＝K(C＋P) を営業開始の状態とし，負債 P に期中増減がある場合も同様に，

　　期末資産－期末負債－期首資本金＝損益，もしくは，

　　　　$\underbrace{A'-P'}_{C'……期末正味財産}-C(A-P)=I \text{ or } L$……(2) となる。

　上記設例(1)および(2)から，期首資本金 C は，常に，期末資産 A′から差引可能であるということがわかる。けだし，期首資本金勘定は，損益算定の基準であり，期首資本金に相当する財産を維持した後の剰余が，他ならぬ利益であ

るからである。

　このように，A＝Kの「資本」Kは必然的に維持概念を有するものである。これに対して，一般的規定としての「資金」は，たとえば，家計や官庁の資金，育英資金，慈善・福祉のための資金のように，これら諸資金の収入が，その支出と同時に使い去られてしまい，究極的には，±0になってもよく，自己の価値増減としてプラス（利益）かマイナス（損失）かのエンティティとは本質的に異なり，元本としての維持概念をもつものではない。とすると，A＝R（SE＋RE）の貸方拘束Rは，もはや，維持しながら自己の価値増殖を図る意義をもたないのではないかと考えられる。無論，拘束概念に，かくいう維持概念はないのである。これすなわち，彼が，財産，資本，利潤概念を追放したあげく，拘束という一点で，貸方諸項目を同質的に把握し，しかも，資本金にまで，「資金」本来の±0になってもよいという異質的性格を押しつけるところにその根拠がみられる。「資本金」と「資金」とは，相容れない性質のものである。にもかかわらず，拘束という一点での同質的把握の結果，資本金，負債，積立金，剰余金等は，特定の拘束SEによって総括され，同質化されるに至る。

　かくて，最終的に損益の有無を判断する資本金勘定のSEへの埋没によって，元本としての維持概念は喪失し，SEの資金額は，最低限維持すべきものという意味を逸脱せられ，したがって，維持しながら価値増殖を図るというエンティティの意味をもちえないことは明白である。そして，このことが，資金理論は本来的に損益計算を行うことができないという理由に他ならないのである。

　すなわち，今，仮にSEが，資本金に相当するものとすれば，A－SE＝REにより，REは，損益を示すものとみなされる。しかし，実際に，SEは，資本金のごとき維持概念をもつものではない。このことは，われわれが第4節において検討したように，（貸方）資金操作RE_1のSE_2化によるSE_2の増加，あるいは，SEのRE化，すなわち，非拘束化（取崩し）によるSEの減少が可能であることから，SEには，終極，±0に至るまでの変動がありうると考えられる。つまり，SEは，一定の維持額をもたず，しかも，容易に±の変動のある概念であることは明白である。かくして，SEに，資本金の意義（維持概念）

第3章　ヴァッター資金理論の計算構造

はなく，ことに一定額維持せずに，±の変動があってもよいことから，容易にAからSEは差し引けない。否，差し引くことは意味をなさない。したがって，REは，損益を示すことにならないのである。

　結局，REとは，留保利益，損益を表示しえず，特定の拘束を受けない資金残高にすぎず，資金の管理計算の指標を示すものとなる。たとえば，REが借方に出現する資本資金にあっては，SE（資本金，長期負債）に対応する資産の拘束実体の現在高の確認，すなわち，管理計算のためには，A＝SE－REの算式が意味をもつ。つまり，固定資産の拘束実体の現在高はSE－REである。

　換言すれば，企業内部に設定された複数の資金を個別にとり出してみるかぎり，各資金は，管理領域に設定された資産―サービス・ポテンシャルのプールである。したがって，それぞれの資金を個別にみれば，明らかに各種資金活動を反映したかぎりでの各資金を管理する（たとえば，現金資金であれば，現金なる資金を管理する）数量計算の域に留まる。それら各資金におけるAとRの差額補完的要素REは，特定目的に拘束されない資金残高であり，資金の現在高を計算し確認するための資金の管理計算の指標を示す意義のものである。また，そうであるから，各資金のREを集計したとしても価値計算の結果たる利潤を示すものではないのである。けだし，価値計算は，「帰属計算」「所有計算」を含むものであり，財産の純増減の帰着する先は，所有主の資本（元本）以外には考えられないものであるからである[28]。

　かくして，ヴァッターの計算構造は，資本概念の消失から，本質的に，価値計算の否定，さらには，資本の計算の否定であり，まさに資金の管理計算（収支会計）であるということができる。

注

1) W. J. Vatter ; Fund Theory., p. 20
2) Ibid., p. 84
3) Ibid., p. 120 なお，172頁の（付記）を参照のこと。

第Ⅰ部　会計構造の研究

4) Ibid., p. 36. p. 93
5) 浅羽二郎著『会計原則の基礎構造』，有斐閣，1959年，256～258頁。
6) 山口稲生稿「ヴァッター資金理論における持分概念および残余持分概念」，『九州商大商経論叢』，第3巻第1号，1962年10月，47頁。
7) 同上，48頁参照。
8) W. J. Vatter., Fund theory., pp. 14-20
9) 山口稲生稿，前掲，54頁。
10) W. J. Vatter., Fund theory., p. 60
11) Ibid., p. 117
12) 山口稲生稿，前掲，58頁。
13) W. J. Vatter., op. cit., p. 10
14) ヴァッターは，減価償却の取扱いに関して，次のごとく述べる。「減価償却は，利益計算において控除されねばならない。……減価償却を別の資金源として取扱うのは，減価償却が，実際に資金を供給するということを意味する。(しかし) 明らかにその限りではない。資金繰りを必要とする会社は，決して増えた減価償却によって資金を募ることはできない。」と。(Fund Flows and Fund Statements., ***Journal of Business,*** June, 1953, pp. 20-21) そして，また，資金理論を具体化した典型的な資金報告書とみられる第7章設例において，減価償却費は，資本資金よりの控除および一般営業資金への加算として相殺関係に立たされるため，留保利益 (資金) には減価償却費は含まれないと理解される。
15) ヴァッターの資金分割の操作方法をいち早く指摘されたのは，山口稲生先生であることを特記しておく。なお，この点については，教授の見解を要点的に追試し，その概要を示しておいた。山口稲生稿「資金理論の営業活動報告書について」，『九州産大商経論叢』，第5巻第2号，1965年3月，74～76頁参照。
16) W. J. Vatter ; Fund Theory., pp. 88-94
17) Ibid., p. 91
18) Ibid., p. 116
19) Ibid., p. 116
20) 山口稲生稿，前掲第3節注6，76頁参照。
21) W. J. Vatter., op. cit., p. 120
22) Ibid., pp. 121-123
23) 山口稲生稿「資金理論の営業活動報告書について」，『九州産大商経論叢』，第5巻第2号，1965年3月参照。
24) 馬場克三著『会計理論の基本問題』，森山書店，1975年，99～114頁。
25) 馬場克三著，前掲書，18頁。
26) 同上，19頁参照のこと。
27) 山口稲生稿「損益計算と持分計算」，『西南学院大学商学論集』，第22巻第3号，1975年11月，67頁。
28) 馬場克三著，前掲書，114頁参照のこと。

第3章 ヴァッター資金理論の計算構造

　馬場克三先生によると，企業会計システムの計算論理は「数量計算（個別的諸財産）をうちにふくむ資本価値計算（損益計算）」形態をとるものである。すなわち「企業会計は数量計算をすべて価値計算に統合するところに成立する。」（前掲書119頁）というかぎり，各勘定間の関係としての「価値計算体系の形成は複式簿記における資本勘定の成立によってなしとげられたのである。」（同，114頁）ということになる。つまり，損益計算を達成するために各勘定の総括的機能を経験的に賦与されているのが，総括勘定としての「資本勘定」に他ならないのである。「けだし価値計算とは資本価値計算の意味であり，個々の項目の増減変化はすべて資本価値増減変化─資本の運動過程を現わすものであるからである。」（同，114頁）

　ところで，各資産勘定（現金，商品等々）は，それ自体をとってみれば，明らかに個別財産の在高管理＝数量計算である。がしかし，「元帳の各勘定口座は終局的には資本勘定によって統轄される1つの価値計算体系をなしているから，」資本勘定との関連計算という意味において各資産勘定も「価値計算を代表することになるのである。」（同，119頁）

　換言すれば，各資産勘定は，統一的「総体として企業資本を構成しており，各勘定の増減変化がそのまま企業資本の構成における増減変化となる有機的一体性を形成しているのである。この自足完了性があるからこそ，財産の増加が利益として認識できる」（同，143頁）のである。すなわち，簿記会計は「財産＝資本」という均衡式を基礎構造としており，財産の増減は企業資本の増減に直結するという関係にあるのである。（同，144頁。）

　以上，要するに，簿記会計の勘定体系は，資産の諸勘定が「順次統合されて，結局は財産＝資本という二重分類へと総括され，資本価値計算＝損益計算の機能を遂行するものとして……存在している」ということができる。（山口稲生稿「スターリングの数量会計論について」，『西南学院大学商学論集』，第21巻第2号，1974年8月，79頁。および山口稲生稿「簿記会計と会計情報論」，『西南学院大学商学論集』，第19巻第3号，1972年11月，161～176頁参考のこと）

　なお，馬場教授は，数量計算との関係を次のように対照させている。
（形態）（単位）（機能）
数量計算──　　物量計算　　　　　　　　　　　　　　　
　　　　　　　｛価格計算　｝………財産管理計算
価値計算──　｛資本価値計算……損益計算

馬場克三著，前掲書，99～119頁参考のこと。

付記

　また，彼は利益剰余金（留保利益）について，次のように述べている。「拘束概念は複式簿記の完成要素としての利益剰余金（retained earning）を説明する

のに有益である。貸借対照表アプローチからして，利益剰余金は，一定資金内の全資産が，特定の貸借対照表貸方項目によって拘束されているか，または，資金の目的に充てられる全般的拘束概念によって拘束をうけるということから，その性質は『残余持分』である。かように，たとえ法律的，持分的，財務的，あるいは経営的拘束（のような特定の持分……著者）が認められない場合でも，残余持分によって拘束されている。すなわち，それは全般的拘束(over-all restriction) であり，資産が資金の目的および操作に向けられていることを示している。」(W. J. Vatter., Corporate Stock Equities, **Modern Accounting Theory**((ed. Morton Backer)), 1966, p. 256)

第4章

資金理論と管理者理論

1　はじめに

　メイヤー（Philip E. Meyer）は，アメリカ会計学における8つのエンティティ概念を大きく3つに分類し，第三のグループとして機能的方法（functional approach）をあげる。そして，これには企業体理論（enterprise theory）[1]，W. J. ヴァッターの資金理論（fund theory），およびL. ゴールドバーグの管理者理論（commander theory）の3つが含まれる[2]，としている。

　さらに，これら3つの理論の共通点として，第一に関心が財務諸表の機能に集中すること，第二に企業（資産）における所有権もしくは一方の利害を重視したり，無視したりしないこと，第三に他の利害者集団との取引結果や関係が財務諸表で公表されること，第四にこれら財務諸表の機能は，持分保有者（equityholders）の財務的利害の異同にかかわらず，実体（entity）に関する情報を開示すること，の4つをあげている[3]。たしかに，エンティティを機能面，すなわち外部報告機能の観点からみると，メイヤーのいうような共通点は認められる。しかし，また同時にこれら理論のうち，特に資金理論と管理者理論の基礎構造には相容れない異質な面がみられるのである。本章ではこの点を明らかにするために，L. ゴールドバーグが，W. J. ヴァッターの資金理論をどのよう

49

に理解し，批判，克服しようとしているのかという点に着目しながら彼の論述を詳細にみていくことにする。そこにおいて管理者理論の理論構造上の特質が明らかになるであろう。L. ゴールドバーグは，彼の主著（**An Inquiry into the Nature of Accounting, AAA,** 1965）の第9章第5節において次のように述べている[4]。

2　資金理論批判

　すなわち，彼はいう。1947年にヴァッター教授は，「資金理論とその財務報告書に対する意義」[5]という著書の中で会計思考および実務が発展せらるべき基礎概念（basic concept）として資金（fund）概念を用いることを主張した。序文の中でヴァッターは，「会計思考の未開拓でむしろ思弁的な分野（speculative areas）への小旅行」とか「会計の概念がよりよく，より完全に表現されるような枠組を設立し，その枠組から現在制限されて使用されている一定の会計技術をより広く適用しようとする試み」[6]として自分の著書を表明した[7]，と述べる。さらに，L. ゴールドバーグはいう。

　ヴァッターは，所有主理論（proprietary theory）と企業実体理論（entity theory）の顕著な特徴について述べた後，これら両理論を否定する。なぜなら，両理論はともに「その研究の中心（focus of attention）に人格（personality）を採用している」[8]し，両者の違いは，人格が人間すなわち所有主（もしくは所有主たち）であるか，彼（もしくは彼ら）の地位における抽象的実体（abstract being）であるからである。今日，会計記録や報告書に対して経営者，社会統制機関，投資家，債権者らによって出される要求は，たとえそれが人間であれ擬制的人格であれ，会計実務に対する理論的基礎として単一の人格を採用することによって十分に満足させるにはあまりに多すぎる[9]。そういう人格の代わりにヴァッターは，会計の注意の領域（area of attention）を構築するために企業の単位として資金概念を提唱する。ヴァッターはいう。企業単位は，「普遍的にしかも厳密な正確さでもって定義できるものではない。」会計はそういう単位を必要と

するが，しかし，それは「人格的意味がなく，同時にどこにその境界があるかを明らかにするくらい明確に限定された」[10] 単位でなければならない，と。

ヴァッターが主張する資金は，官庁や慈善団体のものとよく似ている。それは，単なる現金資源ではなく，特定目的のために区別された資産の集合以上のものである。資金は，資産自体と同様に資産（持分）に対する拘束（restrictions）を考慮する。ヴァッターにとっては，この資金概念が会計単位（unit of accounting）になり，これによって会計記録や報告書が作成され支持される。彼は資金を「ある機能目的（functional purpose）すなわち，管理的，企業家的，社会的目的のために結集されたサービス・ポテンシャル（すなわち資産）の集合体である。」[11] サービスは資金に注入され，資金目的に特定化された目標に向けられる[12]。この「プールされた（impounded）」サービスは変換され，最終的に解放される[13]，と。かくして，費用は「ある期間内に変換されたサービスを単に流出したり，解放することである。」[14] しかし，これらは必ずしも収益を生み出さない。収益は，「新しい資産の追加によって認識される。……収益は，資金それ自体の残余持分（residual equity）以外の持分的拘束（equity restrictions）から全く開放されている。」[15] 費用と収益は流れであり，個々の資産の特別な結果ではない[16]，という。

これらの考えに基づいてヴァッターは，資金によって報告と記録のシステムを展開する。彼が広範囲にわたる実例の中で示すように典型的な製造業にとっての資金とは，現金および銀行預金，一般営業資金，投資資金，減債基金，投資および資本資金である。彼が到達するものは，複会計制度と基本的には同じである，と。

資金概念は，明らかにある情況においては価値がある。ヴァッターが指摘するように，すでにある情況においては会計単位として用いられている。しかし，この資金概念をあらゆる会計理論や会計実務に対する統一的概念として適用するまでには長い階段がある。誰もヴァッター教授について行かなかったと思われる階段である[17]，という。これに対する1つの重要な理由は，彼によって説明された資金理論は，全く説明的理論（explanatory theory）ではないというこ

とである[18]，と述べる。もしわれわれが資金を会計の基礎的概念として用いるならば，そのときの論理的結果（logical outcome）は，何年も会計，営業，機関，および政府においてさえも使用されており，長い歴史的過程を通じて発展してきたところの一揃いの報告書（および記録）である。これら現在の報告書および記録は何も説明しないが，手続におけるかなり具体的な変化については全く擁護的である。かくして，この点からみても資金理論は，会計理論というよりは，むしろ一種の学理上の唱道（a piece of doctrinal advocacy）のようなものである，と。

資金は，これを構成する資産と持分とによって定義されるが，企業実体と同様に抽象的である。資金理論は，記録や報告と全く同様に，会計担当者の機能を構成する会計報告の分析あるいは解釈という手続を説明する場合に，実体概念と同様に役に立つものではない，と。

ヴァッター教授は，彼は断言してはいるが，なぜ会計単位に人格的意味（personal implication）があってはならないのかを明らかにしていない。結局，会計の過程と手続は，人間によって遂行される。これらは，人間と人間によって所有され，管理され，処理される事物（things）や権利（rights）に関係している。したがって，会計的側面がいかにすれば，あらゆる人格的意味から完全に分離されうるのか，ということを考えることは難しい。「欠如」(devoid) と「含蓄」(implications) とは，ともに広い意味のつながりがある。ヴァッター自身，所有主理論が明らかに人格的意味をもっており，これは単一の所有権（proprietorships）に対して十分であった（もしくは，たぶんそうであろう）ということについて満足している[19]，という。もし，それが他の種類の経済的もしくは社会的機構にとって不十分であるなら，この不十分さは，必ずしもそれが人格的理論（"personal" theory）であるということに起因するものではない。もし，われわれが適切な人間を見つけられうるならば，人格的理論（"personal" theory）は他の形態の組織に対しても適切でありうるということが明らかになるであろう，と。

企業にとっての問題は，ある一定の場合においてどういう資金を設置すべき

第 4 章　資金理論と管理者理論

かを一会計目的 1 つに対してさえも一決定するための基準が明らかに示されていないということである[20]，と述べる。いわば資金の領域は，説明するには何が必要とされるかといった誰かの意見に依存している。そして，まれな場合には，いろいろな会計担当者が，遂行された活動においてどういう資金が構成されているかということについていろいろな意見をもつであろう[21]，という。かくして，これら資金の設定は，個人的な選択や意見に依存しているといえよう。そうであれば，それらはともに人格的意味がないということをほとんど支持できないのである。かくして，あらゆる形態の企業に対する資金概念の展開にとって容易ならぬ障害となるであろう実務上の困難さとは別に，会計理論としてこれを認めることを防げる概念上の困難さがある[22]。さらに，L. ゴールドバーグは述べる。

ヴァッターによって表現された資金は，本書の前章の用語によると 1 つのベンチャー（venture）として説明されうるであろう，と。ベンチャーの概念は，会計理論においては重要であるが，要素もしくは活動の単位としてそれは会計における基礎概念のたった 1 つにすぎない。すなわち，それはそれ自体では会計理論にとって十分ではないのである[23]，と。同じように資金概念はある場合には，また，会計のある側面に対しては重要であるかもしれないが，それはそれ自体でほとんど会計実務の上部構造を基礎づけるには十分ではない[24]，という。

ヴァッターは，実体理論に対して強い攻撃をなしたけれども，彼の攻撃はそれを破壊する力をもっていない。しかし，たとえわれわれがこの攻撃の妥当性（validity）を認めるとしても，ヴァッターが主張する資金理論は，われわれを真実に全く近づけないものであり，また，われわれを擬制の領域に留めるため，全く実体概念に対して認められるべき代替物ではない，と。

それでは，L. ゴールドバーグが提起する理論の依拠する観点（outlook）とはいったい何か。彼は述べる[25]。

第Ⅰ部　会計構造の研究

3　管理者理論

　企業実体理論も所有主理論も会計手続——この用語を記録，立案と同様に報告および分析を含むという広義の意味で使う——が遂行される観点（point of view）を説明するには十分なものではない。各々基本的には所有の概念（notion of ownership）に基づいているが，しかし，所有の概念は漠然とした概念であり，これは使用に適したいかなる方法においても基礎的な会計概念として定義したり，分析したりすることがきわめて難しい。それは社会組織発達の初期に定着したもので，法律上の概念として基本的ではあるけれども，複雑にされている。簡単な一定の仮定に基づいて会計における基本的考え方としてそれを採用することは，理論構築にとってとても不安定な理論的基礎を提供することになる，という。

　しかし，すぐに適用できて良い結果をもたらす概念がある。この概念は，確かに経験（observation）に基づくことができる。資源（resources）の所有権は，時にはそれら資源に関する有効な経済的管理（effective economic control）を伴う。資源を統制し，管理するというこの機能は，資源の法的もしくは社会的所有権とは異なるものと考えられる。近代株式会社は，この特質を強調した。また，これは所有（ownership）と支配（control）との分離の１つの主要な例として，現在の文献には絶えず指摘されているものである，と。

　われわれが，「会社」（"corporation", "company"）というような表現で理解しているものは，個々人間の一連の関係である。つまり，会社は，ある意味では人間およびいろいろな人間との関係の複合体に対する短い表現である。われわれが，この用語を使うときにいつもこのことを銘記していたなら，たいていの困難は避けられるであろう[26]，と述べる。しかし，いったんこの用語が造りあげられ，容認されれば，こういう用語はそれが人格性をもつに至る傾向があるし，また，それがはじめの指示内容とすり代わってしまう傾向がある[27]，と。法律および会計におけるこうした抽象的実体の人格化は，実際に実体のかげに

第4章 資金理論と管理者理論

隠れている現実性を見失わせる傾向がある，という。

　営業，会社，クラブ，政府部門などを別々の社会的，経済的もしくは法的実体として論じたり，活動（activities）を引き受けるものとしてそれらを考えることは，多くの目的にとっては便利であるけれども，実際にそうした実体（entities）に代わって活動を行うのは人間（humanbeings）である。より正確には，ある人々が他の人々に代わって，これらの活動を行うのである。そして，それに随伴する意思決定は，特定の人間あるいはグループの意思決定である。それゆえに明瞭であるが，抽象的実体としての会社に注意を向けたり，それに人間の資格，たとえば所有権をさずけたりする代わりに，今や法律上もあるいは財政上も常識になっているように，われわれは人間によってのみ実行されうる管理（control）の機能に注意を向けるべきである。会計活動のための経験や観点の単位は，資源を展開する力をもつ人間もしくは小集団の人間である。その資源とは，経済的管理の下にある。また，ある場合には，これが所有権を構成するものであるかどうかはともかくとして，法律的管理の下にあるものである，という。

　"コントローラー"や"マネージャー"という言葉は，経営および会計用語として特別の意味合いをもっているため，中立的な言葉がのぞましい。コマンダー（commander）という言葉は，ここでは資源に対してコマンド（command）をもつ人間を表すために使われる。この概念は，なおある限定された考察の範囲内において役に立つものであるけれども，われわれが実体（entity）や資金（fund）といった人為的抽象概念に頼らないで，会計の目的や機能について現実的解釈ができるようにする，と。

　単一の所有主の場合には，資源に対するコマンダーや資源の投資家によって行使できる機能は結合される。つまり，一人の人間に統合される[28]，と述べる所有権は法的関係であるが，管理は経済的機能である。結局，所有権はいくぶん静態の受身の概念である。それは，人々の所有物を処理することである。その所有物は，質や量に変化をもたらす。つまり，所有権の尺度を増やしたり減らしたりする，と。

かくして，所有主理論の展開の最初のうちは，所有主とコマンダーとの区別はなかった。それゆえ，コマンドの機能は，所有権のものとは何の区別もみられなかった。それでもやはり，機能はつねに区別されている。そして，より重要な機能は，経済学上そして今もコマンドの機能である。資源に対するコマンドを遂行することは，経済的に行動するということ，つまり，資源の代替的使用の間において選択することである。企業家が彼の機能を遂行するのは，たとえ所有主として報酬を与えられるにしても，所有主というよりは，むしろコマンダーとしてである，と。

しかるに一方，会社においてコマンダーと投資家の機能は，はっきりと区別される。投資家は，会社の株主になるまでは彼の資源に対してコマンドをもつ。現在，彼は自分が投資した資源量に対するコマンドを会社の業務に対してコマンドをもつ人々，すなわち取締役 (directors) や経営者 (managers) に委譲する[29]，と述べる。彼は，株式所有者，すなわち会社の利益の期間配当およびその資産の最終的な分配に参加する権利の所有者であり続ける。この意味において彼は，会社の資産の部分所有者 (partowner) であるが，彼は自分の株式が示す資源に対するコマンドをもたない[30]，という。それゆえ，彼の株式保有のためにその資源には出資者持分があるけれども，この範囲に限って彼の株式に対しコマンドをもつ。彼は，会社のいかなる特定の資源に対しても何ら直接的なコマンドはもたない。特定の資源に対してコマンドをとり戻すためには，彼は株主をやめなければならない。つまり，彼は株を売るか，他の株主とともに会社を破産させねばならない。そのときですら彼は，会社に投資した資源に対してではなく，それと同じかあるいは過不足の資源に対してコマンドをもつ，という。

それと同時に投資家は，他の資源に対するコマンドを保持する。もちろん，彼らに対して配当として分配される資源に対してもコマンドをもつ。かくして，彼らは自分の所有する資源に対するコマンダーであるが，会社の資源に対してはコマンドをもたない。会社の資源に対するコマンドは，コマンダーの階層制度 (hierarchy) によって行われる。どの経営者もこれら資源に対して多少制限

第4章 資金理論と管理者理論

されたコマンドをもち,一人もしくは極少のコマンダーは,会社の全資源に対して一般的なコマンドをもつ。かくして,所有者もしくは投資家としての単一の所有者の立場を引き継ぐ者が,明らかに株主であるけれども,財産の経営者 (manager) および管理者 (controller) として彼の立場を引き継いだ者が,取締役会長 (chief executive officer) である,と。

信託財産 (trust) の場合には,受託者 (trustee) が財産を構成する資源のコマンダーである。信託証書に規定されている用語や条件によって,これら資源を展開するのは彼の責任である。彼は,法律の視点では資源の法律上の所有者であるけれども,彼は自分の資源に対してもっているように,それらの資源に対して同じようなコマンドの自由使用権 (freedom) をもてない[31],と述べる。それでもなお,彼は資源に対して効率的なコマンドをもつたった一人の人間である。一般に,法律,彼を任命する文書によって,彼は,設けられた制限内で資源がどうやって使用されるかを決定する責任を負っている[32],という。

破産における清算人 (liquidator) あるいは受託者は,いくぶん似た立場にある。彼は自分に委託された資源の所有者ではない。一度任命されると,彼は資源のコマンダーである。まず,債権者にそして残りについて株主もしくは破産管財人 (bankrupt) に対して適切な配分の方法を実現したり,その方法に向けるのは彼の責任である。残りの権利所有者は,一般的意味では資源の所有者である,と。

企業の債権者によって任命された管財人は,また管財人の任期期間中,会社の資源のコマンダーである。彼は代表的なコマンダーからコマンドを引き継ぐ。彼の活動は,企業にとって不安定な財政状態に終わる。彼の管財人の任期がなくなれば,彼は一時的に所有していた資源に対するコマンドを企業の同じか,あるいは別の経営者に引き渡す,と。

実際に,展開するべく資源をもつ者はコマンダーである。その意味においてコマンダーということばが,ここで用いられている[33],と述べている。さらに,L. ゴールドバーグはいう[34]。

4 コマンダー観点

いったんコマンダーの地位が認められると、会計機能がコマンダーのために、そしてコマンダーに代わって遂行されるということは明らかになる。会計報告は、コマンダーによるコマンダーへの報告である。すなわち、コマンドのある階層にいるコマンダーによってより高い階層のコマンダーへといわば、コマンドの全チェーン（a whole chain）に沿って遂行される。会計記録は、コマンダーによってなされるべき意思決定のための有効な記録となるように、また、そのために書類による証拠を提供するように始められ維持される。会計報告は、資源に関する活動を管理するために用いられ、また、これによって資源を管理する、すなわちコマンダーによる意思決定が可能となるという理由で有益である。会計分析が実施されるのは、資源のコマンダーが当て推量の仕事というより、むしろ合理的解釈に基づいて意思決定ができるような地位におかれているためである、という。

かくして、会計は主に資源のコマンダーである人々に知らせるために資源に関する事象（events）を記録し、報告し、分析し、解釈するという問題になる。人間によって人間のために人間に代わって会計記録が行われ、財務諸表が作成され、会計報告書が分析される。会計の手続やシステムが真実であることを証明したり、構想をまとめるといった他の機能は、主な会計機能に対して補助的なものである、と。

このような定義は、会計の目的や領域の両方を説明する場合には特別であるが、同時に方法論（複式か単式か、過去か将来か、すなわち予算、手続など）もしくは研究の領域（企業、政府、受託者、単一の所有主、組合員、株式会社など）に関しては拘束されない[35]、と述べる。さらに、研究は人間と事象に集中され、もはや、何を入れるのかはっきりしない鋳型に人間の活動をおしこめようとすることもない。その鋳型とは、都合のよい法律的もしくは社会的擬制であるが、やはり非現実的で霊的な幻想である。たとえそれが法人組織（incorporated）で

第4章 資金理論と管理者理論

あったとしても[36]）。

　会計手続は，所有主もしくは仮定の人為的実体（artifical entity）の観点よりも，むしろコマンダーの観点から行われる。会社会計を説明するために人為的実体をつくる必要はない。所有主理論における所有主の機能を考えるとき，それには2つあることがわかる。単一の所有主は，会社業務における投資家であり，経営者である。会社においては，これらの機能は分離され，通常違う個人によって遂行される。ちょうど，これら2つの役割を区別するのがうまくいかないことは，投資家としての単一の所有者の面ばかりを強調しすぎ，その結果彼が所有する資源のコマンダーとしての活動が無視されているからである，と。

　このことから，投資家の持分は無視されてよいということを推論してはいけない。いわば，会社の場合には取締役（directors）は，経営者および受託者の資格で行動する。この2つの機能は，実際には完全に分離されない。しかし，別々に適用される[37]，と述べる。

　彼の管理者的資格において資源のコマンダーとしての取締役（director）は，管理の方法としてこれら資源から成る経済的単位を考えるべきである。また，彼はこれら資源が管理目的を促進するためにとられるさまざまな方法，および会計担当者の実務にとって何がより重要かを決定できる地位にあり，どういう情報が彼の管理目的に最も適するかを決定する地位にいる，もしくはいるべきである[38]，と述べる。

　しかし，受託者の資格で取締役は，投資家の見解と彼の見解を入れ換える。個人の投資家は，投資の手段として彼が所有する資源のコマンダーである。そして，彼が心に留めている目的とある意味では一致する目的を配置するという問題に向けられる。もちろん，会社の取締役が会社の株主の目的を知ることを期待できない。なぜなら，これらは主観的評価の結果だからである。しかし，株主の信託代理人（fiduciary agent）として，取締役は，時々株主に報告しなければならない。そして，そういう報告機能を遂行するために，彼は，少なくともある方法でこれらの目的を評価しようとしなければならない。投資家は彼が投資した資源の保全と増殖に関心をもつという一般に認められたものがある。

そして裁判所は，この点について代理人は，そういう利害をもった企業人の思慮分別を行わなければならない，と主張した。この信託関係（fiduciary relationship）に関していえば，取締役は投資家に役に立つ言葉で投資家に報告するか，投資家は有益な言葉に翻訳すべきである。それで，投資目的をもつ資源のコマンダーとして投資家は，彼の投資判断の基礎となるようなわかりやすい確かな情報をもつであろう，という。

　税務署や政府機関への報告について，いくぶん同じ情況が得られる。取締役は，投資家の場合と同じように政府の信用ある代理人である。しかし，2つの要件は必ずしも一致しない。それでもやはり，取締役の責任の1つは，受領者にとって役に立つかあるいはそういう役に立つ言葉にすぐに翻訳されうる報告書を管理し，作成することである，と。

　コマンダーの見解を採用する際に会計人は，資源のコマンドと所有権とが明らかに分離される場合に発生する情況の複雑さを銘記しなければならない，という。

　かくして，われわれは会計の機能的な見解に達する[39]，と L. ゴールドバーグは述べる。彼の記録において会計担当者は，彼が記録する事象を始めるのが誰の観点であろうと，そこから始まる会計を行うのである。彼は発生した事象についてコマンダーの観点から報告する。その報告はいろいろな集団の人間に提供される。すなわち，株主，税務署員，法律家，経営者，もしくはコマンダーに対してもなされる。彼が誰に報告するのかということは，比較的重要ではない。彼が報告するものは，実際にコマンダーが行ったものである，と。

　この理論が達成される方法の一例として，単純に貸借対照表（balance sheet）が考えられる。もし，われわれ自身に会計の基準として所有権の概念をしみこませるのを認めるならば，所有し，借りている価値の報告書になる。そして，誰が所有し，また借りているかという問題は，論争上まだ決定的でないものとして起こっている[40]，という。しかし，もし貸借対照表がコマンダー，すなわち取締役会長（chief executive officer）であり，彼は所有主自身であるか，社員（partners）の小集団か，社長もしくは経営管理者（managing director）であるが，

第 4 章　資金理論と管理者理論

このコマンダーによってコマンダーのためにコマンダーの観点から作成されるという立場をとるならば，貸借対照表はコマンダーが資源を引き出した源泉（sources）とそれらの資源が適用された方向（direction）との報告書を見ることができる[41]，という。それゆえ，貸借対照表は直接的には所有権の報告書というより，むしろ，管理（stewardship）の報告書である。すなわち，会計担当者はコマンダー（現実の人間であり，仮構的実体ではない）のためにコマンダーの観点からコマンダーが委託され，管理したり，それを展開したりすることができるが，彼が必ずしも所有していないところの資源を取り扱う報告書を作成する。その資源は，抽象的実体ではなく，人間，すなわち，コマンドの階層制度（hierarchy）のうちの社長や彼の仲間によって取り扱われる。それらの資源は，人々すなわち債権者や投資家によって提供され，人々に対する事物（things）や権利を獲得するために，あるいは人々の要求を満足させるために利用される。かくして，貸借対照表は準受託者の役目をもつ経営者（manager in a quasi-fiduciary role）に対しては会計責任（accountability）の報告書であると理解される，と。

　さらに，貸借対照表は資源のコマンダーの情報のために作成され，それは必ずしも貸借対照表自体の中に表示される特定の資源とはかぎらない。たとえば，会社の各株主は，資源のコマンダーであり，通常その資源のわずか一部分が，彼によって保持されている会社の株式からなっている。したがって，会社の貸借対照表が株主に提出される限りにおいて，それが株式の部分所有者であると同様にコマンダーとしての株主に提出される。株式についての所有権とコマンドとの区別は，ほとんどの個人株主の場合には，それほど重要であると思われない。しかし，大きな機関の株式保有にとっては重要である。けだし，株式が機関の名前で保有されている場合，その機関に関する意思決定が機関を代表する個人によってなされねばならないからである，と。

　もう 1 つの例として損益計算書（profit and loss statement）があげられる。これは，一期間内に起こった事象，すなわち人為的実体ではなく，人間によって始められた事象の要約であり，測定されたものであり，もしくはそういうこと

を志向するものである[42]，という。われわれは，報告目的のために，われわれ自身を合理的にコマンダーの立場におくことができる。ところが，もし不可能でなければ，われわれ自身，人為的実体として考えることが非常に難しい[43]，と述べる。それゆえ，会計担当者は，損益計算書を伝達の行為や一定期間の活動の結果の説明や活動の要約として作成する。その報告書で示される純利益は，その期間の事象の測定されたものであり，またそういうことを志向する。時折あることであるが，企業の純利益が誰のものかと聞かれるならば，答えはそれは誰のものでもないのである。なぜなら，純利益はそういうものとしてあるものではないし，損失もまた，誰かによって生まれるようなものではないからである。誰かに存在し，また誰かのものになるものは純資産の増加分であり，それは利益に相当する。ほんの少し会計を研究したことのある人（そして，何も研究したことのない人々）は，利益は必ずしも増加した現金資源と同一ではないということを知っている。しかし，利益は純資産が増加したことを意味する。そして，それは利益の尺度を所有権の尺度へと移すこと，すなわち純利益の所有主持分への振替である。それで，損益計算書においてコマンダーもしくはコマンダーの代行をする会計担当者は，コマンダーの観点から成果を表示している。それに伴う貸借対照表においては，純利益は所有主に組み入れられる。この最後の項目は，所有権の測定されたものであり，他のものはコマンドの尺度である，という。

　基本的に似た性格の補足的報告書は，しばしば資金計算書の形式で作成される。それは，また事象の概要である点において同じであるが，しかし，特定の種類の資源の変化によって直接表現される。事実，経営者がこの計算書で述べることは，特定期間に彼が2,3の方法で資源を引き出したり，彼が資源を使用した方法を報告することである。彼は資金の獲得と使用のうち一つの選択権をもっている。もちろん，実際には選択は，前もってなされるであろうし，また，引き出された資源は，何とかして同時に使用されねばならない[44]，という。ここで述べられた理論は，人に注意を向けるという意味で新所有主理論（neo-proprietary theory）とみなされるであろう。しかし，所有主理論（proprietary the-

第4章 資金理論と管理者理論

ory）を特殊な場合，すなわち，コマンドと所有権の機能が一人の人間に融合している場合に適用できるものとみることは適切である，と。

コマンダー理論は，実体概念あるいは所有主理論のどちらも破壊しないし，2つの理論を融合させるために使用されうる。実体は，概念上所有主にとってではなく，コマンダーにとって重要である。所有主にとって大事なことは所有権である。たとえば，株主は彼がその一員である会社の資産あるいは負債と基本的には関係がない。彼の関心は株主の資金にある。彼は，基本的には利益ではなく，配当に関心があり，売上利益率でなく資本回転率に関心がある。彼は，ほとんど資産に関心を示し，負債や利益は二次的である。しかし，コマンダーは，基本的で主要な関心の問題としてこれらの全てに関心をもつ。というのは，それらは彼がコマンドをもつ資源であり，もしくは，彼がそれらを取り扱った結果であるからである。コマンダーは，資源の統一性を包含するような概念を設定する。それが彼の仕事であり，また，取り扱うべき責任である。これが実体を構成する。もし，実体によって会計が遂行されるならば，それはコマンダーの情報のためである，と。

もし，人々が一定の実体（entity）が存在することに満足するならば，勘定や報告書が作成され，実体について何かを述べる。しかし，実体が彼らに役に立つという意味において，それらは，実体のために作られる勘定や報告書ではないであろう。実体の勘定は，実体について何かを述べる勘定，もしくは実体に属する勘定を意味する[45]，という。しかし，勘定や報告書が実体に関するものであるということは，われわれに勘定や報告書に関する何かを述べるものではない。すなわち，なぜ，われわれが，実体についての勘定や報告書を欲しいのかを説明しない。また，誰もそれらを欲しくないし，誰もそれらを作らない，もしくは誰のためにもそれらは作られない[46]，という。同様の考え方が資金理論にみられる。ここでは，管理者理論が欠陥，すなわち，通常述べられる所有主理論の不完全さによって残された欠陥をうめるものであることを提起している，と。

かくして，実体および資金の概念は，管理者理論の中に包摂される。たとえ

第Ⅰ部　会計構造の研究

ば，あるコマンダーが，種々の企業家的利害および経営指揮権をもち，また，いくつかの関心の領域を限定することが望ましいか，もしくは必要である場合に，そういう領域は，それぞれ異なる実体もしくは資金を明示するであろう。しかし，そういう使途においては関心の領域にいかなる人格的，もしくは人為的実体にも一致するといった示唆は決してないであろう，という。

最後に，L. ゴールドバーグは述べている。すなわち，管理者理論は，社会的事実に基づいている―(i)いろいろな人々が，異なる資源に対して統制権(control)，もしくは指揮権 (command) をもつ，(ii)どんな人も一部の資源に対して支配権をもつ。これらは，また経済上の事実である。しかし，事実，これらのことはほとんど一定不変であるけれども，資源はアカウンタブルであるため，不十分であってはならない[47]，と主張する。

注

1
1) American Accounting Association., *Accounting and Reporting Standards for Corporate Financial Statements and Preceding Statements and Supplements*, Lowa City, 1957., pp. 4-7.
2) Philip E. Meyer., "The Accounting Entity", *ABACUS,* December 1973., pp. 116-126.
3) Philip E. Meyer., Ibid., p. 121.
4) Louis Goldberg., *An Inquiry into the Nature of Accounting,* AAA, 1965., p. 146.
   なお，本章第Ⅱ節以下の本文は，L. ゴールドバーグの上記の主著第9章第5節～第8節の抄訳および概説であることをまずことわっておくことにする。

2
5) William J. Vatter., *The Fund Theory of Accounting and Its Implications for Financial Reports* (Chicago : University of Chicago Press, 1947)
6) William J. Vatter., Ibid., p. iii. (Louis Goldberg., op. cit., pp. 146-147.)
7) Louis Goldberg., ibid., pp. 146-147.
8) William J. Vatter., op. cit., p. 7.(Louis Goldberg., ibid., p. 147.)
9) William J. Vatter., ibid., pp. 8-9.(Louis Goldberg., ibid., p. 147.)
10) William J. Vatter., ibid., p. 10.(Louis Goldberg., ibid., p. 147.)
11) William J. Vatter., ibid., p. 18.(Louis Goldberg., ibid., p. 147.)
12) William J. Vatter., ibid., p. 22.(Louis Goldberg., ibid., p. 147.)

第4章　資金理論と管理者理論

13) Louis Goldberg., ibid., p. 147.
14) William J. Vatter., op. cit. p. 22.(Louis Goldberg., ibid., pp. 147-148.)
15) William J. Vatter., ibid., p. 25.(Louis Goldberg., ibid., p. 148.)
16) Louis Goldberg., ibid., pp. 147-148.
17) Louis Goldberg., ibid., p. 148.
18) Louis Goldberg., ibid., pp. 148-149.
19) William J. Vatter., op. cit., pp. 2-4.(Louis Goldberg., ibid., p. 149.)
20) Louis Goldberg., ibid., p. 149.
21) Louis Goldberg., ibid., pp. 149-150.
22) Louis Goldberg., ibid., p. 150.
23) Louis Goldberg., ibid., p. 150.
24) Louis Goldberg., ibid., pp. 150-151.
25) Louis Goldberg., ibid., p. 162.
3
26) Louis Goldberg., ibid., p. 162.
27) Louis Goldberg., ibid., pp. 162-163.
28) Louis Goldberg., ibid., p. 163.
29) Louis Goldberg., ibid., p. 164.
30) Louis Goldberg., ibid., pp. 164-165.
31) Louis Goldberg., ibid., p. 165.
32) Louis Goldberg., ibid., pp. 165-166.
33) Louis Goldberg., ibid., p. 167.
34) Louis Goldberg., ibid., p. 167.
4
35) Louis Goldberg., ibid., p. 167.
36) Louis Goldberg., ibid., pp. 167-168.
37) Louis Goldberg., ibid., p. 168.
38) Louis Goldberg., ibid., pp. 168-169.
39) Louis Goldberg., ibid., p. 169.
40) Louis Goldberg., ibid., p. 170.
41) Louis Goldberg., ibid., pp. 170-171.
42) Louis Goldberg., ibid., p. 171.
43) Louis Goldberg., ibid., p. 172.
44) Louis Goldberg., ibid., p. 172.
45) Louis Goldberg., ibid., p. 173.
46) Louis Goldberg., ibid., pp. 173-174.
47) Louis Goldberg., ibid., p. 174.

第5章

会計主体と資金理論

1 はじめに

　ヴァッターの資金理論（William Joseph Vatter, **The Fund Theory of Accounting and Its Implications for Financial Reports,** Chicago : The University of Chicago Press, 1947）は，それ以前の伝統的な主流理論であった「企業実体理論」（Entity Theory），さらには「所有主理論」（Proprietary Theory）の双方に内在する矛盾点，欠陥を批判し，これらを克服するための理論的根拠，もしくは会計理論の基礎として現実に登場してきた。したがって，わが国会計学界が，ヴァッターの資金理論を旧理論に対する1つの有力なアンチテーゼとして，主に資産論争や会計主体論争[1]（1954年～1956年）の中で取り扱い，また，これら論争解決のための1つの新しい会計の理論的基礎構造としてとりあげてきたこともきわめて当然のことであった[2]。しかしながら，会計主体論に関しては，今も次のような未解決の問題が残っているように思われる。それは，いずれもヴァッターが操作的会計方法に従って，資金理論の中心概念としてその中核に設定する「資金」（fund）概念に関する問題ばかりである。

　まず，第一の問題点は，ヴァッターの資金概念が，旧来の所有主理論，あるいは企業実体理論を「人格的」理論（"personal" theory）と解釈し，旧理論がも

第Ⅰ部　会計構造の研究

っている人格性を排除しようとする点から，資金概念が会計主体問題の検討の結果生まれてきたものであるという場合に，彼の旧理論に対する「人格的」理論の解釈とその批判の論理が正しいのか否か，また，この論理を現実の企業会計に適応できるのか否かである。

　ところで，一口に会計主体といっても，1つは非人格的な意味での物的会計主体，すなわち，誰の立場に立って誰のために会計的行為を行うかといった会計的行為の拠り所および立脚点という意味と，いま1つは人格的な意味での人的会計主体，すなわち，「会計的記録計算および報告における判断の主体」とか会計実践の実質的かつ具体的な担い手という意味がある。

　そこで第二の問題点は，資金は誰しも認めるように会計単位，もしくは会計対象ではあるが，はたして物的会計主体であるのか否か，また，ヴァッターは人的会計主体を一体，誰であると考えるのかである。そして，彼はこの2つの会計主体の相互関係を企業の現実に即してどう理解しているのか，ということである。

　したがって，本章は，上記の問題点に関する今日までの議論を総括し，そこから会計主体論について1つの展望を見出そうとするものである。

2　資金理論と会計主体論

　わが国において今日まで，ヴァッターの資金理論を取り扱ってきた論文の中には，資金が会計単位および会計主体としてとらえられるとする見解（たとえば，注2) の文献⑪㉗㉚）と，いま1つは，資金は会計単位ではあるが，会計主体ではないとする見解（たとえば，注2) の文献⑥⑦⑧⑨⑮㉕㉘）とがある。たしかに，両見解にみられるように，資金はまずもって会計単位である。すなわち，「資金は，完全に非人格的な意味において会計実体（accounting entity）である」[3]。資金は一連の経営活動もしくは資金活動（fund activity）を限定し，一連の「財務記録および報告書に網羅される（会計活動の……著者補足）注意の領域（field of attention）を表わすという意味で会計の単位（unit of accounting）であ

る」[4]。したがって,「このような会計領域においては,あらゆる資金が,管理組織,特定の活動,あるいは重要な特定目的などの諸要素をそれぞれ区別するために設置され,複式簿記システムがこれらの資金単位ごとに適用される」[5]。つまり,「資金会計において,資金とは単なる現金資源ではなく,各資金の勘定は特定の目的のために区別された単なる資産の集合以上の意味をもち,すべての資産項目だけでなく,その資金に含まれる持分をも認めるのである。さらに,資金勘定のもとに収益,費用および利益の各勘定が,完全に分類されている。これらの勘定をいっしょにすると,資金の操作活動については,あらゆる点で完全な総勘定元帳による試算表が作成される」[6],としている。このように,資金とは経営および会計活動における企業資産の「操作の領域」(area of operations)であり,一定の資金,持分,収益,費用等の財務測定の基礎となる会計の「注意の領域」(area of attention)を限定する手段である。すなわち,会計が計数的にとらえる客体(対象),もしくは計算技術的に抽象化された会計単位である。この会計単位(資金単位)の設定基準は,通常の「流動資金」および「固定資金」の区分以上に,たとえば,企業内部の管理組織,営業活動の内容,製品別,地域区分等によって,あるいは経営者の重要な意思決定による資金の機能目的によって必要に応じて任意に資金の設定が可能である。すなわち,「必要なときはいつでも,一度設定した資金は,さらに小さな単位に分割したり,あるいは,さらに大きな単位に結合したりすることができる」[7]。

ところで,会計単位としての資金を会計主体としてもとらえようとする見解が,山口稲生氏,市村昭三氏,今田正氏にみられる。たとえば,山口稲生氏は,「ヴァッター資金概念が従ってヴァッター資金理論が会計主体論であるか会計単位論であるかは,選択の問題ではなく,会計単位論であり,同時に会計主体論でもありうるのである。それは資金概念の性格の多面性に依存する」[8],と述べている。また,市村昭三氏は,「ヴァッターはその資金理論において,たんなる会計単位に関する新しい提唱を行なうだけにとどまるものではない。われわれはむしろヴァッター資金理論の本質を,『新しい会計主体論の提唱』と解することによって,その実り豊かな展開可能性をみようとするものである」[9]

と述べている。さらに，今田正氏は，「資金は操作の単位であり関心の中心であり，こういった非人格的な意味において会計の主体概念として設定される。このように資金概念は，会計の認識対象を規定する資金理論の方法から導き出された基礎概念であると同時に会計主体概念の意味を有している。すなわち資金理論のもとでは，従来の会計理論の基軸をなす会計主体としての人格概念は捨象され，会計の対象をなすのは，限定された特定の活動ないし機能領域としての資金単位であり，これが資金実体とされ，会計単位を形成する。会計単位とは資産グループないしは，かかる資産の運用される活動領域である。そこでは資金単位が会計主体をなし，しかもこの資金単位は営業の種類と状況に応じて任意に決定される，というところに論理の基軸がある」[10]，とされる。

　以上の見解のように，はたして資金とは会計主体であるのか否か。この点の解明には，ヴァッターの資金概念が，旧来の所有主理論および企業実体論の人格性排除という会計主体問題の検討の結果生まれてきたものであるから，改めて彼の人格性排除の論理を検討しなければならない。

　さて，ヴァッターによれば，所有主理論も企業実体理論もともに「人格的」理論である。すなわち，所有主理論は，所有主という生身の人格をもった人間自体を会計の主体とみなし，企業実体理論は，人格化された企業実体を会計の主体とみなす。そこにおいて，会計報告をなす主体が，人格的存在であるという点では同じであると理解されている。ヴァッターは，従来の「人格的」理論を批判して次のように述べる。すなわち，「所有主理論も企業実体理論もともに，考察の中心に人格を採用するところに弱点がある。誰のために記帳がなされ，また，誰に対して報告がなされるかといえば，それは所有主理論においては，所有主もしくは所有主たち自身であり，企業実体理論によれば，抽象化して考えられた現実の人々か，あるいは擬制的実体とみなされる株式会社等である。このように会計の基礎が人格化されたものになると，会計報告の内容が人格的な類推（personal analogies）によって影響をうけやすくなる。問題は，事柄の性質を考慮せずに，人格のもつ範囲で決定されることになり，したがって，大抵の場合結論づけたり，それを支持したりするとき，単なる便宜主義になっ

てしまう。会計理論が人格や人格的な意味に頼るというのは，たとえ慣習であったとしても，すべての数量的分析がめざしている客観性というものに貢献するものとはならない」[11]，というのである。その意味で，「所有主理論もともに十分満足できる概念の枠組みではない」[12]と述べる。

第二にヴァッターは，「会計はその職能を何らかの単一価値の理論（singlevalued theory），もしくは一般目的の理論（general purpose theory）に基礎づけるには全く不可能な程成長しすぎた。会計資料の用途は，会計報告がその人に向けられ，その人のために会計記録が維持される単一の人格の上に概念枠組みを基礎づけるには不可能な程非常に多くなった」[13]，と主張する。彼によれば，利害関係者の領域を基本的に大きく分けると3つのグループに区分できるという。第一に経営者（management），第二に社会的管理機関（social control agencies），第三に出資者，投資家および授信者のグループである[14]。ところが，「会計資料の用途は，これら3つの広い領域ではお互いに非常に異なっており，……中略……会計情報の用途は様々であり，もし，単一の人格によるアプローチをとるならば，これら用途のうちのある部分を強調し，他の部分を除外するか，もしくは用途のすべてを妥協させなければならなくなる」。したがって，「もし，人格によるアプローチによって会計資料の様々な用途が満足させられないのであるならば，所有主理論や企業実体理論のどちらかによって提示されるより以上に客観的で基本的な会計理論へのアプローチが必要になる」[15]，というのである。

第三に，新しい会計理論を要求する理由を次のように述べる。「エンティティ概念をとると，負債と所有主権とを明確に区別するという問題はなくなるが，営業活動と利害関係者との間に擬制的人格がおかれることになって，エンティティ概念が実務に適用される場合に困難に直面する」[16]。すなわち，「会社経営の現実においては所有と経営は分離している。実務では，遂行される営業活動と所有者との間に会社経営者が仲介者となる傾向にある。しかもこの経営者の介入の傾向が拡大してゆくと，順次，経営者が一個の調整機関（clearing house）または管理機関となり，所有主，債権者，政府，もしくは他の社会統制機関，

従業員，競争会社，関係会社等の利害関係者の色々異なる利害を共通の努力を払って統轄する状況になっていく。このような状況において，経営者は，所有主の下僕ではなく，むしろこうした階層の2つまたはそれ以上の階層を調整する機関である。株式会社は人格，物的手段，状況，相互関係などの混合体（conglomeration）となるのであり，しかも，この混合体は会社人格という法的擬制のもとでは，仮に人格が認められるとしても，現実にはわずかにしか認められない」[17]，と。

ところが，旧理論に対するヴァッターの「人格的」理論の解釈とその批判については問題が残る。たとえば，馬場克三氏は次のようにヴァッターの「人格的」理論の解釈を批判されている。すなわち，「ヴァッターは，所有主理論では正味財産，利潤は私個人的概念（personal idea）であるといっているが，このように彼は素朴な意味での所有主理論のレベルでエンティティ理論を理解してエンティティを私的な人格と措定し，人格的視点に立つ企業会計の非客観性を攻撃したものといってよいであろう」[18]。しかし，「所有主理論は一般にエンティティ理論と対立せしめられて理解されているけれども，実は，所有主理論も私的個人を超えた客観的な『人格』を措定するものであるかぎりでは，エンティティ理論（広い意味での）の一形態であるとしなければならないので」[19]あり，「両者はともに私的主体を超える客観的な『主体』を措定するかぎりでは共通の基礎に立つ理論と見なければならない」[20]。したがって，「所有主理論は逆にエンティティ理論のレベルで解釈しなおされねばならなかったのであり，その限りでヴァッターの人格説への批難は的はずれであったというべきではなかろうか。いずれにしても，ヴァッターは，エンティティ理論を人格説としてきめつけ，……中略……はげしくエンティティ理論を批判し，エンティティから人格的要因を排斥し，これを単なる注意の領域（area of attention）という形式に昇華させるのである。さらにまた，単一の人格で（single personality）は多極化した会計報告への要求を適えることができなくなった，として人格的要因を斥けるのである。しかし所有主は，あるいは単純に所有者的利益のみを追求する単一人格とみられても仕方がないかもしれないが，エンティティが単一人格で

第5章 会計主体と資金理論

あるという根拠はどこにもないのである。しかも、私的人格は単一人格といわねばならぬにしても、その私的性質をこえるものこそエンティティと呼ばれるものではなかったであろうか。この辺の論理はヴァッターの理解するところではなかったようである」[21]、と。

また、L. ゴールドバーグもヴァッターの旧理論に対する「人格的」理論の解釈とその批判に対しては批判的である。すなわち、「ヴァッター教授は、彼は断言してはいるが、なぜ会計単位に人格的意味（personal implication）があってはならないのかを明らかにしていない。結局、会計の過程と手続は、人間によって遂行される。これらは、人間と人間によって所有され、管理され、処理される事物（things）や権利（rights）に関係している。したがって、会計的側面がいかにすれば、あらゆる人格的意味から完全に分離されうるのか、ということを考えることはむずかしい。ヴァッター自身、所有主理論が明らかに人格的意味をもっており、これは単一の所有権（proprietorships）に対して十分であった（もしくは、たぶんそうであろう）ということについて満足している。もし、それが他の種類の経済的もしくは社会的機構にとって不十分であるなら、この不十分さは、必ずしもそれが『人格的』理論であるということに起因するものではない。もし、われわれが適切な人間を見つけられうるならば、『人格的』理論は他の形態の組織に対しても適切でありうるということが明らかになるであろう。企業にとっての問題は、ある一定の場合においてどういう資金を設置すべきかを—会計目的1つに対してさえも—決定するための基準が明らかに示されていないということである。いわば資金の領域は、説明するには何が必要とされるかといった誰かの意見に依存している。そして、まれな場合には、いろいろな会計担当者が、遂行された活動においてどういう資金が構成されているかということについて色んな意見をもつであろう。かくして、これら資金の設定は、個人的な選択や意見に依存していると言えよう。そうであれば、それらはともに人格的意味がないということをほとんど支持できないのである。かくして、あらゆる形態の企業に対する資金概念の展開にとって容易ならぬ障害となるであろう実務上の困難さとは別に、会計理論としてこれを認めることを

防げる概念上の困難さがある」[22]と,述べている。

たしかに,L. ゴールドバークのいうように,なぜ会計単位に人格的意味があってはならないのか,ヴァッターは明示していない。また,資金の設定が誰かの選択や意見によって決定されるのに,実際に会計から人格性を完全に分離するのは不可能ではないかと思う。なぜなら,「企業や会社を独立の経済的実体あるいは法律的実体とみて,それが活動に従事すると考えることは多くの目的にとって便利であるが,より重要なこととして,それら実体のために実際に活動するのは人間であるという事実を見逃がさないことである」[23],といわれるし,また,「われわれは会計諸手続が遂行される観点というものに関与するが,それらは人間によって遂行せられるのである。それゆえ観点をもち会計諸関係の主体たりうるのは人間であるがゆえに,抽象的概念である所有権,実体,資金という概念は本質的なものではない,つまり,会計諸結果は人間によっておこなわれるコミュニケーションの問題である」[24],と理解されるからである。

結局,ヴァッターは「資金」から私的人格を超えた客観的な物的会計主体の資格を奪い去り,「資金」を単なる会計を行う領域といった会計単位である,と理解している。また,「資金」とは,いかなる私的人格にも影響されない無主体なものであり,いろいろな主観的利害を要求する私的人格からは,常に中立の立場を保ち,特定の私的人格の立場に立って,その利害者のための利害を志向するような会計は想定していないと理解される。

つまり,資金は会計単位ではあるが,会計主体ではないのである。この見解は,中原章吉氏と青柳文司氏にみられる。中原氏は次のように述べる。すなわち,「資本主理論とか企業体理論が企業という会計単位に擬人的性格をもっているのと異なり,資金という会計単位には人格的な色彩はまったくない。資金という会計単位は,非人格的であり客観的な統計的実体であるから,企業体理論が『企業』を会計単位とするとともに会計主体とするのに対し,資金理論が資金を会計単位としても会計主体にはしないのである。従って,バッターの資金理論では資金主体説が主張されていると考えるのはバッターの資金理論を曲解しているといわなければならない」[25],と。

第5章　会計主体と資金理論

　次に青柳文司氏は，資金の中立主体論，無主体論を主張される[26]。青柳氏は述べる。「しばしば誤解されているが，資金理論は資金を会計主体とみるのではない。資金は会計が実施される範囲すなわち会計単位であり，大別して，流動資金と固定資金に分かれる。……中略……企業体理論は企業を人格視して主体とみるが，資金理論は資金に人格性を付与することはしない。したがって，資金は会計主体となりえない。資金理論における会計主体は会計士である。……中略……会計士は，純粋に客観的，統計的実体である資金の活動について，同じく客観的な態度をもって会計する。それは価値観において無色であり，中立主体論といってよい」[27]，と。さらに，青柳氏は，会計士について詳述されている。すなわち，「バッターによると……中略……，資金は人ではないから報告することはできない。会計士または他の人たちが資金と関係して遂行された操作や活動の結果について報告するのである。……中略……会計士は，（おそらく客観的な基礎にもとづいて）一期間に発生したこと，また，将来の会計にゆだねられること—資産，持分—を報告する。しかし資金に関して資料を分析し，その結果を報告するのは会計士であって，各種の勢力や利害関係者によって資金に与えられる属性を除けば，それは人格性をもたない，純粋に統計的実体である」[28]，と。また，会計主体としての会計士の価値観について，ヴァッターは，青柳氏への書信に次のように述べている，といわれる。すなわち，「いいかえれば，どんな会計人格も存在せず，存在しえない。会計資料を（数学的な意味で）組に区分することは，ある一定企業の経営単位としての注意領域または他の限定された注意範囲を規定すること以上にでるものではない。その資料は，誠実で細心な観察者，分析者，解釈者の観点以外のいかなる特定の観点からも報告されてはならない。会計士を特定の資本主や法人に奉仕する束縛から解放することは，種々の目的に対して種々の原価，種々の利益，そのほか特殊な必要に応ずる諸表，そして"一般公衆"への報告の，全般的な型を認識しなければならない理論にとって不可欠のことである」[29]，と。

　以上の青柳氏の論述ならびにヴァッターの書信によれば，エンティティとしての資金は，誰の立場で誰のために会計的行為をするかといった会計の拠り所，

立脚点，もしくは物的会計主体ではないが，誰が会計的判断や処理を具体的に行うかといった人的会計主体は，会計士であると理解される。

　かくして，ヴァッターは，人格に影響されない客観的な「資金」を強調するあまり，「個別資本の担い手であり，実践的な会計主体である機能資本家」[30]の存在を無視していることが容易に指摘できよう。現実に企業活動をなしている機能資本家をも人的会計主体の地位からひきおろしてしまっている。馬場克三氏が述べられるように，現実に「個別資本をつくりあげ，これに直接の目的を与え，かつこれを現実に動かしているものは機能資本家である。彼は明らかに経営実践における判断の主体であり，彼はまた当然，会計的記録計算および報告における判断の主体，すなわち会計主体として現われる」[31]。いいかえれば，機能資本家は，「簿記担当者という意味でなしに，会計的行為の直接の主体としての実践的主体」[32]である。一方，「客体としての個別資本はそれ自体の論理，運動法則をもつものと考えられ」[33]，機能資本家は，「彼自身，個別資本に内在する客体の論理に服さざるをえない」[34]。したがって，「その意味で個別資本の構造に内在する論理が会計の論理的主体と考えられてよいこと」[35]になる。しかるに，馬場氏によると「論理的主体（エンティティもしくは個別資本……著者補足）の概念を設定したからといって，そのことは決して実践主体の存在を無視するものでないばかりか，論理的主体たるものは実践的主体の存在から遊離することのできないものである」[36]と理解される。

3　おわりに

　以上述べたように，われわれは会計主体概念を論理的主体（個別資本）と実践的主体（機能資本家）とに区別し，両者の相互関係を企業の現実に即して統一的に理解しなければならない。そして，また，「会計主体なるものが，実践的には私的な機能資本家に帰属しながら，他方では個別資本の論理のなかにその客観性の規準を具現する，という二重構造をもつ点にこそ会計主体論の核心が存する」[37]ことを看過してはならないと思う。したがって，この視点に立て

ば，ヴァッターは，資金理論の中から"人"を排除するあまり，機能資本家（実践的主体）の存在をまったく無視するという誤ちをおかしたといえる。なぜなら，ヴァッターが人的会計主体とする会計士の経理意識に基本方向を指示するのは，この機能資本家に他ならないからである。また，ヴァッターは，実体的内容をもつエンティティ（馬場克三氏のいう論理的主体もしくは個別資本）を計算技術的に抽象化して，これを「資金」ととらえ，会計単位という計算的・機能的概念，もしくは企業会計の計算技術的前提と理解するのみで，エンティティとしての「資金」に無主体，中立性の意味を与えた。これは，持分の「拘束」概念のもつ現実的機能と意味的に一致する。すなわち，ヴァッターが旧来の理論における貸借対照表貸方の持分概念を検討する過程で，その統一的説明のために，貸方諸項目を「資産に対する拘束」概念で同質レベルの問題として包括した。すなわち，資本金，負債，積立金，剰余金等の貸方項目を，これらを排除する必然的論拠の説明もなしに，単なる「資産に対する拘束」という一点だけで，一定の資金目的によって「特定の役立ち」へと特定化，具体化される項目として同質化した[38]。このことの意味が，結局，貸方諸項目の法的，人格的な源泉原因を不問に付すことによって企業の所有関係を捨象し，さらには，個別資本の支配・集中関係から起こる現実の企業会計の諸問題を隠蔽してしまうことにつながるのである。そして，このような「拘束」概念の果たす現実的機能を合理化させるのが，「資金」概念の中立主体論，無主体論に他ならない。なぜなら，今日，会計責任（accountability）が，一面では個別資本の源泉，所有関係を明示するものであるため，現実の企業会計は，企業と直接に財産関係があり，そのために私的な利害を要求する人格を捨象できないからである。しかしながら，バッターのいうように人格性を全く排除したあげく，いかなる利害関係者からも中立化した物的存在たる資金単位をもって会計の中立主体論，無主体論を主張するかぎり，資金理論は，企業会計の諸問題を隠蔽する論理を現実に提供したにすぎない，といわざるを得ないであろう。

第Ⅰ部　会計構造の研究

注

1) 飯野利夫・山桝忠恕編『会計学基礎講座1』, 有斐閣, 1963年, 215〜236頁参照。
2) 今, わが国のヴァッター資金理論に関する主な研究論文および著書をあげれば, 次のとおりである。
　①木村重義稿「〈書評〉ヴァッター『資金説と財務報告に対するその意味』」, 経済学論集, 1955年7月。
　②染谷恭次郎著『資金会計論』, 中央経済社, 1956年。
　③黒澤　清著『資金会計の理論』, 森山書店, 1958年。
　④中村萬次著『資金計算論』, 国元書房, 1959年。
　⑤浅羽二郎著『会計原則の基礎構造』, 有斐閣, 1959年。
　⑥青柳文司稿「簿記・会計・会計学の諸公準と会計主体論」,『会計』第75巻第1号, 1959年1月号。
　⑦青柳文司稿「ヴァッターとメイ—会計主体論をめぐって—」,『横浜大学論叢』, 第10巻第2号, 1959年3月。
　⑧青柳文司稿「ヴァッターの資金理論—統一理論への志向—」,『横浜大学論叢』, 第10巻第3・4合併号, 1959年5月。
　⑨青柳文司稿「バッター『資金理論』の吟味—経済性と会計学の交錯—」,『会計』第76巻第5号, 1959年11月。
　⑩山口稲生稿「ヴァッター資金理論の一考察—経営財務論の視点より—」,『九州大学大学院経済学会経済論究』, 第9号, 1961年3月。
　⑪山口稲生稿「ヴァッター資金理論における持分概念及び残余持分概念」,『九州商大商経論叢』, 第3巻第1号, 1962年10月。
　⑫宮上一男著『企業会計の理論』, 森山書店, 1965年。
　⑬山口稲生稿「資金理論の営業活動報告書について—残余持分概念の分析を中心として—」,『九州産大商経論叢』, 第5巻第2号, 1965年3月。
　⑭平栗政吉稿「ヴァッターの資金表」,『エコノミア』, 1965年12月。
　⑮青柳文司著『会計学の原理』, 中央経済社, 1968年。
　⑯長松秀志稿「ヴァッターの資金理論(1)—資金会計と操作的方法—」,『駒大経営研究』, 第1巻第2号, 1969年9月。
　⑰長松秀志稿「ヴァッターの資金理論(2)—資金会計と操作的方法—」,『駒大経営研究』, 第2巻第1号, 1970年6月。
　⑱山口稲生稿「現代会計学における価値学派と事象学派」,『西南学院大学商学論集』, 第17巻第1号, 1970年6月。
　⑲飯岡透・中原章吉共訳『バッター資金会計論』, 同文舘, 1971年。
　⑳神田忠雄著『現代資本主義と会計』, 法政大学出版局, 1971年。
　㉑長松秀志稿「ヴァッターの資金概念の形成」,『駒大経営研究』, 第2巻第3・4号, 1971年3月。

㉒宮上一男編『近代会計学の発展Ⅰ』，世界書院，1974年。
㉓番場嘉一郎「持分会計の基本理論」，『近代会計学大系Ⅲ持分会計論』，中央経済社，1974年。
㉔馬場克三著『会計理論の基本問題』，森山書店，1975年。
㉕青柳文司稿「会計主体」，『企業会計』第29巻第4号，1977年4月。
㉖脇山　昇稿「ヴァッター資金理論の計算構造について」，『西南学院大学大学院法学・経営学論集』，第2号，1977年9月。
㉗市村昭三著『資金会計の基本問題』，森山書店，1979年。
㉘中原章吉稿「バッターの資金理論について」，『税経通信』，第35巻第6号，1980年6月。
㉙醍醐　聡『公企業会計の研究』，国元書房，1981年。
㉚今田　正著『企業連結会計』，森山書店，1988年。

　ヴァッターの資金理論は，主に資産論争，会計主体論争の過程の中で語りつがれ，また，その後もこれらの論争に関する論述は数多い。しかし，これらの論争の華々しさとは対照的に，資金理論の特殊性の故か，計算構造論についてはあまりとりあげられなかったように思われる。しかしながら，持分の拘束概念と計算構造との関連分析についての研究は，すでに山口稲生氏（文献⑪⑬⑱）によってなされている。

3) W. J. Vatter., The Fund Theory., p. 12.
4) Ibid., p. 12.
5) Ibid., p. 12.
6) Ibid., p. 12.
7) Ibid., p. 117.
8) 山口稲生稿「ヴァッター資金理論における持分概念および残余持分概念」，『九州商大商経論叢』，第3巻第1号，1962年10月，44頁。
9) 市村昭三著『資金会計の基本問題』，森山書店，1979年，48頁。
10) 今田　正著『企業連結会計』，森山書店，1988年，218頁。
11) W. J. Vatter., The Fund Theory., p. 7.
12) Ibid., p. 7.
13) Ibid., pp. 7-8.
14) Ibid., pp. 8-9.
15) Ibid., pp. 9.
16) Ibid., pp. 10.
17) Ibid., pp. 11.
18) 馬場克三著『会計理論の基本問題』，森山書店，1975年，54頁。
19) 同上，53〜54頁。
20) 同上，54頁。
21) 同上，54頁。
22) Louis Goldberg., *An Inquiry into the Nature of Accounting*, AAA, 1965., pp. 149-150. L. ゴールドバーグは，ヴァッターとは対照的に人を強調して，会計の人的会計

第Ⅰ部　会計構造の研究

主体を管理者（commander）とする。すなわち，彼は述べる。「"コントローラー"や"マネージャー"ということばは，経営および会計用語として特別の意味合いをもっているため，中立的なことばがのぞましい。管理者ということばは，ここでは資源に対してコマンド（command）をもつ人間を表わすために使われる。この概念は，なお，ある限定された考察の範囲内において役に立つものであるけれども，われわれが実体（entity）や資金（fund）といった人為的抽象的概念に頼らないで，会計の目的や機能について現実的解釈ができるようにする」，と。(Louis Goldberg., Ibid, p. 163.) しかし，彼のいう管理者の意識を方向づけるのが，実は，機能資本家の意識性の問題である点を見過ごしている。また，エンティティ（個別資本）を物的会計主体とみていない弱点も指摘できる。

23) 青柳文司著『会計学の原理』，中央経済社，1968年，217頁。
24) 脇浦則行稿「基礎的会計理論への理論的基礎づけ（二・完）—L. ゴールドバーグ会計理論を中心として—」，『広島修大論集』，第16巻第2号，1976年3月，107頁。
25) 中原章吉稿「バッターの資金理論について」，『税経通信』，第35巻第6号，1980年6月，27頁。
26) 青柳文司氏のヴァッター会計主体論に関する論文は数多いが，その無主体論，中立主体論に関する部分を次に紹介しておきたい。

①「しかしながら，『誰のために』という価値観は，この資金の概念そのものにはもられていない。彼もいうように，資金という会計単位は，投資家や経営者，そのほか，いかなる利害関係者の要求にも応じうる性質のものである。つまり，『資金の立場』というシンボル公準の中立性が，そこで指摘されているわけである。だが，この価値観を欠いた資金の概念だけでは，いまだ会計主体についての意見とはなっていない。」（青柳文司稿「簿記・会計・会計学の諸公準と会計主体論」，『会計』，第75巻第1号，1959年1月号，86頁）

②「サーヴィス・ポテンシャルとしての資産を中身とする容器に相当するものがファンドであり，資金理論が会計単位として設定した中心概念である。それをまた会計実体（accounting entity）とか資金実体（fund entity）ともよんでいるが，その意味はまったく会計単位に変らないと書簡でのべている。したがって，会計主体と解釈することはまちがいであって，企業主体説に対照して資金主体説ということはできないのである。」（青柳文司稿「ヴァッターの資金理論―統一理論への志向―」，『横浜大学論叢』，第10巻第3・4合併号，1959年5月，80頁）

③「バッターにおける会計実体は，いわゆる会計単位としての場所性を強調し，……中略……単位に移入する主体の意思といったようなものは，たとえ移入を認めたとしても，それは人格性をもってはならない純客観的な主体でなければならないのである。バッターは資金主体でなく会計士主体をいうけれども，企業実体説においても，主体の直接のにない手は会計担当者であることは自明であって，その背後には経営者の意思がまたはたらいている。それが企業という実体にあたかも化体されて企業自体の意思であるかのごとく提論されるわけで，この見方にしたがえば，資金実体もまた資金主体として，つきつめて考えることも可能である。なぜなら，すで

第 5 章　会計主体と資金理論

にみたように資金もまた，会計単位としての客体をこえて，何らか主体の意味を暗に想定しているとみられるからである。しかし，その主体も純統計的な非人格性において理想化され，物象化されているため，いぜん資金は人格的ふくみを欠如した統計的実体に終始する。いうなれば，資金実体は会計単位であり会計主体なのであるが，およそ会計人格なるものが拒否されているため，事実上，それは主体性のない実体にとどまるのである。」(青柳文司稿「会計単位・会計実体・会計主体—バッターとメイの所論を中心として—」，『横浜大学論叢』，第 11 巻第 2 号，1960 年 1 月，81 頁)

27) 青柳文司著『現代会計学』，同文舘，1974 年，71 頁。
28) 青柳文司著『会計学の原理』，中央経済社，1968 年，215〜216 頁。
29) 同上，216 頁。
30) 馬場克三著『会計理論の基本問題』，森山書店，1975 年，50 頁。
31) 同上，43 頁。
32) 同上，45 頁。この点について青柳文司氏も同じ見解であろうと思われる。すなわち，青柳文司氏は，「もとより経営者の背後には，強力なサブ主体として機能資本家や金融資本家が存在する。この権力構造と経営組織との間は企業体のベールによって疎隔されているが，会計主体論はその背後まで見通す視野がなければならない。ただし公式的にでなく，個々の会計実践を通じて実証的にみつめる態度が肝要である」，と述べている。(青柳文司著『会計学の原理』，中央経済社，1968 年，242〜243 頁)
33) 馬場克三著『会計理論の基本問題』，森山書店，1975 年，43 頁。
34) 同上，44 頁。
35) 同上，45 頁。
36) 同上，45〜46 頁。
37) 同上，49 頁。
38) W. J. Vatter., The Fund Theory., p. 7.

第6章

二つの会計主体

1　はじめに

　会計主体には二つの意味がある。一つは，人的会計主体であり，実際に誰が会計的記録，計算および報告における判断や処理を行うかといった人格をもった生身の人間を指す場合である。個人企業から合名会社，合資会社，合資株式会社，そして近代株式会社にいたるまで，いずれの企業形態にあっても，それが機能資本家であることに変わりはない。もう一つは，物的会計主体であり，これは誰の立場で何のために会計を行うのかという会計的行為の判断をする場合の「拠り所」，「立脚点」，「中心点」は何かという意味である。これが，いずれの企業形態の段階にあっても個別資本，なかんずく機能資本であることは否めない事実であるし，物的会計主体＝個別資本は会計の客体（対象）と理解される。

　ところで，従来の会計主体論の多くは，以上の二つの会計主体の明確な区別，あるいは相互関係を捨象し，どちらか一方のみを強調するものであった。従来の代表的な見解[1]を私がいう二つの会計主体の視点から整理すれば図表6-1のようになるであろう。

第Ⅰ部　会計構造の研究

図表6-1

主な会計主体論	所有主理論	企業実体理論	企業体理論	資金理論	コマンダー理論	個別資本説
人的会計主体	所有主	？	経営者	会計担当者	コマンダー	機能資本家
物的会計主体	？	エンティティ	企業体	資金＝無主体	？	個別資本
主な論者	ヒューグリ,シェア-,スプレーグ,ハットフィールド	ペイトン	スヤーネン 日本の諸学者	ヴァッター	ゴールドバーグ	馬場克三

2　資金理論と管理者理論の会計主体批判

　ここでは，W.J.ヴァッターの資金理論とL.ゴールドバーグの管理者理論との対照的な会計主体概念の比較分析をする。すなわち，ヴァッターが，会計客体（会計単位）である客観的な統計実体として「資金」のみを強調し，所有概念・人格性排除の中立・無主体論であること。一方，ゴールドバーグは，人間を復活させ人的会計主体として支配機能を有する「管理者」のみを強調することから，両者ともに一面的であり，両者の統合化によって現実に対応した会計主体になるのである。さらに，企業体理論における会計主体概念と利害調整機能の意義に対する批判によって，現代株式会社における上記二つの会計主体相互の現実関係を解明する。

　さて，本書第5章3で述べたようにヴァッターは，人格に影響されない客観的な「資金」を強調するあまり，会計的記録，計算，報告という会計的行為の判断や処理の主体，すなわち，実践的な人的会計主体としての機能資本家もしくは専門経営者をも人的会計主体の座から引きずりおろしてしまっている。われわれは，会計主体概念を物的会計主体（個別資本）と人的会計主体（機能資本家）とに区別し，両者の相互関係を企業の現実に即して統一的に理解しなければならない。そして，また，「会計主体なるものが，実践的には私的な機能資

第 6 章　二つの会計主体

本家に帰属しながら，他方では個別資本の論理の中にその客観性の基準を具現する，という二重構造をもつ点にこそ会計主体論の核心が存する」[2] ことを看過してはならないと思う。したがって，この視点に立てば，ヴァッターは，資金理論の中から人を排除するあまり，機能資本家（実践的主体）の存在を全く無視するという過ちをおかしたと言える。なぜなら，ヴァッターが人的会計主体とする会計担当者の会計的な価値観や意識に基本方向を指示するのは，この機能資本家に他ならないからである。また，ヴァッターは，実体的内容をもつエンティティを計算技術的に抽象化して，これを「資金」と捉え，これを会計客体（会計単位）という計算的・機能的概念，もしくは企業会計の記録，計算測定の対象領域という計算技術的前提であると理解することに集中した。ヴァッターが，会計的な判断や処理の「拠り所」，「立脚点」，「中心点」として求めた客観的な統計実体である「資金」とは，企業実体がより一層物化されたものであり，これと「個別資本」とは，実体的内容が相似しているが，「資金」が，「個別資本」と共通している，その豊富な実体的内容を認めながらも結果的には，「資金」に無主体，中立性という無目的な内容を与えたのである。この結末は，持分の「拘束」概念がもつ現実的機能と意味的に一致する。すなわち，ヴァッターが，旧来の理論における貸借対照表貸方の持分概念を検討する過程で，その統一的説明のために，貸方諸項目を「資産に対する拘束」概念で同質レベルの問題として包括した。すなわち，資本金，負債，積立金，剰余金等の貸方項目を，これらを排除する必然的論拠の説明もなしに，単なる「資産に対する拘束」という一点だけで，一定の資金目的によって「特定の役立ち」へと特定化，具体化される項目として同質化した[3]。このことの意味が，結局，貸方諸項目の法的，人格的な源泉原因を不問に付すことによって企業の所有関係を捨象し，さらには，個別資本の支配・集中関係から起こる現実の企業会計の諸問題を隠蔽してしまうことにつながるのである。そして，このような「拘束」概念の果たす現実的機能を合理化させるのが，「資金」概念の中立主体論，無主体論に他ならない。なぜなら，会計責任（accountability）が，一面では個別資本の源泉，所有関係を明示するものであるため，現実の企業会計は，企業

と直接に財産関係があり，そのために私的資本的利害を要求する人格を捨象できないからである。しかしながら，ヴァッターの言うように人格性を全く排除したあげく，いかなる利害関係者からも中立化した物的存在たる資金単位をもって会計の中立主体論，無主体論を主張する限り，資金理論は企業会計の諸問題を隠蔽する論理を現実に提供したにすぎない，と言わざるを得ないであろう。

　一方，管理者理論においては，会計的記録，計算，報告の判断や処理の主体，すなわち，会計担当者の会計的な価値観や意識を決定づけるのがコマンダー（経営管理者）のもつそれである，と理解される。しかしながら，コマンダーの会計的な価値観や意識を指揮統制するのが，実践的会計主体としての機能資本家の価値観や意識性の問題である点を看過している。なぜなら，コマンダーは，個別資本をつくりあげ，これを現実に機能させている機能資本家の経営管理労働の一部または全部を代行しているにすぎないからである。コマンダーは，企業の資源（資産）を支配し，経営管理目的のために資源をどう活用するかの方法を決めるといった資本運動を管理し，運営する資本の機能面に関心を示す。つまり，ゴールドバーグは，旧来の所有主理論や企業実体理論が，所有主および企業実体の持つ人格性や所有者，所有権の概念に注視するのに対して，彼は，人格を持った生身の自然人にしか遂行できない統制権（control）や指揮権（command）といった支配権もしくは経営権に注目している。かくして，コマンダーとは，資本の無所有者ではあるが，機能資本家から企業活動の重要業務に関する支配権限の一部または全部の委譲を受け，十分に経営管理機能を担当し，その意識も有する，いわゆる専門経営者を意味すると理解できよう。とすれば，コマンダーとは，株式会社支配論の主流が，所有者支配論から経営者支配論へと移行しつつある今日，個別資本の支配者は専門経営者であるとする観点であり，現代株式会社の人的会計主体の現状を説明する視点として妥当なものであり，そのため，現実に直接的に対応しうるものであると言えよう。しかし，ゴールドバーグは，人的会計主体の一面のみを強調するあまり，エンティティ（個別資本）を物的会計主体と捉えていない点，そしてまた，エンティティとコマンダー，大株主，一般株主，その他の利害関係者との現実関係が不明である

点が惜しまれる。

3 企業体理論批判

　本来，会計の利害調整機能という場合，これは，私的資本的利害調整とも言うべきものである。すなわち，債権者グループ対株主グループ間の対立する利害の調整および現在株主グループ対将来株主グループ間の対立する利害の調整とされている[4]。しかし，いつから，なぜ，こうした利害の対立がみられるようになったのか，明らかでないように思う。確かに，株式会社が高度に発展し，株式所有分散が進行した結果，その社会性の増大化と企業の制度化が強調されるあまり，個別資本と機能資本家との現実関係は捨象され，個別資本もしくは企業実体と外部利害関係者グループとの対峙によって現実の個別資本の諸問題が回避される。利害関係者の中には専門経営者，株主（大株主も少数株主もすべて同一レベルで捉えられ，一般化される），債権者，税務官庁，消費者，従業員等あらゆる私的利害を持つ人々が含まれるが，機能資本家でさえもその一員として捉えられるほど，企業実体は，社会的利害調整の場として，会計は，その道具として抽象化，一般化されて展開されてくる。言うなれば，非資本的社会的利害調整論とも言うべきであろうか。そして，これが，わが国にみられる企業体理論という学説である。次に，その代表的所論である阪本安一氏と高松和男氏の両見解を検討することにする。

1. 阪本安一氏の見解

　阪本安一氏は，物的会計主体を社会的制度としての企業体に求められる。すなわち，「すべての利害関係者と密接な関連を保ちながら，むしろ，利害関係者の構成するものの立つ見地，これを会計主体とみるのである。われわれのいう企業体の立場がこれである。」[5] そして，「企業体は社会的制度としての企業体であり，それは企業をとりまく各種利害関係者の利害調整の場であると見られるものである。従って，企業会計もまたこれらの利害関係者の利害調整を行うことを，その1つの目的とするものと考えられるのである」[6] と述べられる。

さらにまた,「企業会計は,企業会計をとりまく多くの利害関係者集団の間に介在して,その利害を調整する役割を果たすものとして実施せられる。この場合作成せられる財務諸表は,すべての目的のために万能なものでなくて,それぞれの利害関係者のもつ目的に応じて,利害を調整した公正妥当なものでなければならない。企業体は,この場合会計処理に必要な意志決定の中心点(decision-making center)ともなるべきものである」[7]と。「企業資金を支配し,その背後にあるものすなわち支配的経営者が会計の主体となるものであり,彼らは所有主,債権者,従業員,徴税当局などの中間に立って,それぞれの利害の調整に当るものと考えられるのである」[8]と。したがって,阪本氏によると物的会計主体としては,各利害関係者の利害調整の場としての企業体,一方,人的会計主体としては,「企業資金を支配し,その背後にあるもの」支配的経営者を考えておられ,二つの主体の相互関係は,阪本氏が述べるように,「企業会計は,それが企業体そのものの立場あるいは企業体をとりまく各種利害関係者の利害を調整するものとしての企業体,あるいはその一機関としての経営者の立場に立って行われるということ」[9]から各種利害関係者の中でも経営者だけを企業体の一機関としての会計主体と理解され,経営者が,企業体から排除された所有主,債権者,従業員,徴税当局などそれぞれの私的で異なる利害の調整にあたるものと考えておられるのである。

しかるに,企業体もしくは個別資本を構成するのが,その支配者である機能資本家(大株主)もしくは専門経営者だけであり,これと対峙した形でその他の様々な私的利害が企業体に要求されてくるものとして捉えることが現実的であると言えよう。そして,機能資本家もしくは彼の代行者である専門経営者の私的支配力,営利的な側面を捨象し,現実のこれをも各利害関係者と同一レベルで捉えるところに問題が残る。この問題が起こる原因は,機能資本家の私的営利的側面と企業体(もしくは個別資本)にみられる社会的側面とが矛盾の対立物であるし,前者が自己の「営利性」よりも後者の「社会性」を優先するという現実が,どこにもないにもかかわらず,これをひたすら忘却し,企業体の「社会性」ばかりを強調しすぎたことからの当然の結果といえないであろうか。

第6章 二つの会計主体

2. 高松和男氏の見解

　高松氏は,阪本氏と同じようにわが国を代表する企業体理論の主唱者である。高松氏は,「企業体は一つの社会的制度である。こうした社会的制度としての企業体の成立基盤は,様々な利害者集団の利害が競合するという事実である。すなわち,すべての利害者集団は,取引関係・交換関係をつうじて企業体に入りこんでおり,彼らの利害の競合する場所として企業体が存在する。その意味では,企業体は資本主のものでもなければ,また経営者のものでもなく,だからといって社会関係を無視した『真空』の状態において存在するものでもない。企業体の本質は,すべての利害者集団の協働する場所であり,彼らがとり結ぶ社会関係である。それぞれの利害者集団は,複雑な競合関係をつうじて,利害者として経済社会を構成する一員となる。しかしながら,企業体がその社会的責任を遂行するためには,利害者集団相互の矛盾し相異なる利害関係が調和されなければならず,一つの秩序を形成することが要求される。それは,利害者集団のそれぞれの利害を調和せしめつつ,安定した取引関係を維持することを意味する。企業体は,利害者集団との安定した社会関係の上に,彼らによって組織化された一つの秩序であり,いいかえれば,ゴウイング・コンサーンとしての経営社会であると,結論づけることができる」[10]と,されている。高松氏は,「企業体とは,企業体に関与するすべての利害者集団をもって組織された社会制度として理解される」[11]と。かように,企業体の中にさまざまな利害者集団が包含される組織とされている。たしかに,企業体という客観的な実在によって,各利害関係者の利害を満足させたいという意図はわかるが,果たして利害調整の対象者は,これを資本の所有関係者に限るべきではないのか。企業体を支配している実践的主体は,誰で企業体との関わりは,どう理解されるのか。また,企業体と大株主,一般株主,専門経営者との現実関係をどう捉えるのか等については,大いに疑問が残る。

　以上の阪本氏と高松氏との両者に共通していえる問題点を整理すると次の三点に集約できるであろう。

　(1)　第一に,なぜ専門経営者が企業体の利潤極大という私的利害を抑えてま

で企業体外部の私的利害を有する利害関係者の要求を満たすべき必然性が，いつから，どうして生じてきたのかが何ら論証されていないのは大きな問題であるといえよう。

(2) 第二に，我が国の企業会計のメカニズムの中で利害調整を行う具体的な方法が示されていない。具体性なくして利害調整機能を強調しても，現実離れした単純な理想論もしくはお座なりの空理空論としか思えない。

(3) 第三に，個別資本の所有関係がある株主および債権者相互の私的資本的利害調整であれば，まだしも理解できるが，これら以外の国家，消費者，従業員，仕入先，得意先等までをも利害調整の対象者と見なすことが果たして現実的であろうか。ことに株主と言っても，支配株主である大株主と従属株主である少数株主との現実関係があるにもかかわらず，これを捨象してすべての株主を同一レベルで捉え，株主を一般化，同質化している点は理解しがたい。

一口に専門経営者が利害調整を遂行するといっても外部利害関係者の私的利害を同一レベルで捉え，これらと対立する専門経営者もしくは企業体自体の私的利害を抑制してまでも専門経営者が，すべての利害関係者に対して公正さ，公平さを維持することは現実に不可能であろう。なぜなら，利害対立の重層的な構造は，まずもって企業体と外部利害者との利害対立，外部利害者の中でも株主と債権者との対立，同じ株主でも大株主（支配株主）と一般株主（従属株主）との対立，同じ一般株主でも現在株主と将来株主との対立，かように，企業体との利害関係の程度差があることから生じる複雑な諸対立の構図が認められる。したがって，また企業体との利害関係の程度が利害関係者によって異なるからこそ，そこに専門経営者の視点から見れば，各種の利害要求に対する貢献度合いの差や優先順位も生まれるし，その結果，ある利害関係者には有利，もう一方の利害関係者には不利という不公平さ，不公正さが生じているのが現実である。したがって，こうした現実の矛盾，問題を解消しようとする現実離れした利害調整会計観もまた生まれてくるのである。こうした会計観は，会計主体論と深い関係がある。また，会計主体論は，株式会社支配論，コーポレー

トガバナンス論とも密接に重なるが，企業体理論の重要な欠陥は，現実に株式会社を支配している者が，資本の所有者であり，資本の機能を担当している機能資本家（大株主）もしくは，大株主からの経営権の一時的委譲がなされている資本機能代行者としての専門経営者（資本無所有者としての管理労働者）であるという株式会社の所有と支配の問題を，全く無視している点にあるといえないであろうか。

4 機能資本家と個別資本

　われわれは，会計主体概念を人的会計主体（機能資本家）もしくは専門経営者と物的会計主体（個別資本）とに区別し，両者の相互関係を企業の歴史的現実に即して統一的に理解しなければならない。歴史的には，人的会計主体である機能資本家が，会計的方法（複式簿記）を用いて，個別資本運動を会計の客体として捉えるが，逆に個別資本に内在する客体の論理（客観性の規準）が機能資本家の行う会計的判断や処理に対して基本的な方向づけを行う。また，私的利潤追求のために株式会社を設立する機能資本家に対して，個別資本は独自の運動法則とこれに内在する資本の所有構造や資本循環の論理をもって臨んでくるし，これには機能資本家も服さざるを得ない。また，個別資本が，機能資本家に対して社会的な制約を加える。なぜなら，今日の高度に発展した株式会社にあっては個別資本に関わる利害関係者が要求する公共的サービス，それに彼らが私的に要求する利害を共に機能資本家はある程度満足させるべきであるという社会性の限界に機能資本家は直面せざるを得ないからである。しかし，機能資本家が自己の利潤極大目的を抑えてまでも外部利害関係者のあらゆる利害を満足させることができるのは，理論的には私的営利的な目的を達成した上で実行可能なものであるが，現実に資本主義企業である限り，利害関係者の私的な利害の調整を企業の第一義的な目的とすることは非現実的で理解しがたい。かといって，機能資本家が全くそれを無視できるものでもない。いうなれば，会計の本来的な利害調整機能は，個別資本のもつ「営利性」と「社会性」とい

う相互に矛盾対立するものの妥協の論理から生じる。それは，企業の利潤極大という私的側面と企業外部への公共的サービスという社会的側面（もしくは利害関係者の私的利害の充足）との二つが矛盾の対立物であることに端を発している。このように個別資本と機能資本家との現実的な相互関係の認識が，株式会社における会計主体を論じる場合には重要である。

　今しばらく，両者の歴史的変化を企業形態別にみてみよう。

　まず，個人企業においては，「最初は一人の資本家が単独に自己の所有する資本でもってみずから企業の経営に従事し無限責任を負担する」[12]。すなわち，「一人の資本家が資本の所有と同時に資本の機能を担当する」[13]がゆえに，ここでの会計主体は無限責任を果たす機能資本家もしくは個人企業主である。そして，「この個人企業のもとでは，資本家は，相互の競争の結果もたらされる企業の大規模化と利潤の減少という矛盾した二つの契機によって，その必要とする資本をもはや自己の蓄積した資本（利潤）によっては調達することができなくなるという点に到達し，ついにはこの個人企業によって企業活動を続行し利潤を取得するということができなくなってくる。そこで個々の資本家は，これまで相互に競争していた他の資本家と，競争することをやめて提携し，各自が自己の所有する資本を共同出資して一企業を起こし，各自が共同して企業の経営に従事し連帯して無限責任を負担する，いいかえれば数人の資本家が共同して資本の所有と同時に資本の機能を担当するソキエタスないし合名会社」[14]が形成される。合名会社にあっては，資本の所有者であり機能者である機能資本家もしくは無限責任社員全員が会計主体である。ところが，「この合名会社においては，企業の大規模化にともなって調達せられる所要資本の量が大となればなるほど，同時に資本の機能を担当する資本家の数が増加し，それに応じて資本家相互の意思を統一してその利害の一致をはかることが困難となり，ついには彼ら相互のあいだに分裂を生ぜしめる結果となる。そこでつぎには，かかる増大した所要資本のうち，これまでのように資本を拠出して同時に企業の経営に従事し，したがって無限責任を負担する，いいかえれば資本の所有と同時に資本の機能を担当する資本家，すなわち機能資本家の出資部分はこれを一

定として,残りの大部分は,もっぱら資本を拠出するが企業の経営には従事しない,したがって有限責任を負担する,いいかえれば資本の所有を担当するのみにて資本の機能は担当しない資本家,すなわち無機能資本家の出資によってこれを調達し,かくして機能資本家が資本の機能を担当するに際して相互の意思の統一をはかることができるようにしようとする,マグナ・ソキエタスないし合資会社」[15) が形成される。合資会社では主導的な立場にあるのは,実際に企業の経営に従事する機能資本家もしくは無限責任社員のみであり,彼が会計主体である。やがて,「機能資本家は,全社員の有限責任制を確立して,自己の責任を他の無機能資本家の責任と同様に有限責任とし,また自己の出資する資本部分を,他の無機能資本家の出資する資本部分と同様に,株式に分割して株券を発行し,その譲渡の自由を認め,しかも彼自身は,株主総会における多数決を制することによって,取締役あるいは監査役などの会社機関の地位を得,それによって企業の経営を支配するようになり,ここに株式会社が新しく成立する」[16) わけであるが,株式会社における会計主体は,株主全員ではなく機能資本家としての大株主のみである。そして,近代株式会社における「株式所有の分散の結果,たとえその持株比率がいかに低下しても,大株主は所有と機能を合わせ持つ機能資本家である」[17) とし,「機能資本家は資本の所有と機能の統合において規定されているが故に,無所有の経営者は株主の代理人に過ぎず,これを機能資本家と規定することはできない」[18) し,また,「専門経営者が企業経営に反映させることになるその意思は,相対的個人大株主の構造的利益を代表するものであり,その意味で相対的個人大株主は,制度上,個別資本運動の意識的担い手であり,支配者である」[19) と理解される。

5　結びにかえて

かくして,企業形態発展史的に会計主体を考察すれば,機能資本家がどの場合にも人的会計主体であることに変わりはない。一方,物的会計主体＝個別資本の所有構造が複雑化し,重層的な構造へと発展してきている。つまり,個人

第Ⅰ部　会計構造の研究

企業段階の自己の蓄積資本のみで，あるいはささやかな機能資本のみで経営をする段階から合名会社では機能資本の所有および機能者が複数登場し，合資会社では機能資本と無機能資本とが分化し，株式会社になると無機能化した資本が社会的に集中し，機能資本によって支配されるようになる。なぜなら，他人資本も無機能資本もすべて機能資本家が結集したものであり，機能資本によって運用されるものだからである。かように，企業形態の発展過程において，機能資本の企業資本に占める中核的存在が一度も否定されたことがないこと。そして，会社主体および企業支配者は，常に機能資本の所有者であり，機能者である機能資本家であること。以上の2点の認識が，会計主体論にとって重要な鍵となるのである。そしてまた今日の会計主体論は，株式会社支配論，コーポレートガバナンスの問題と密接な関係にある。株式会社支配論の主流が，所有者支配論から経営者支配論へと移行しつつあると言われる今日，個別資本運動の意識的担い手であり，資本の所有者，支配者である機能資本家に代わる者として，「法人所有にもとづく会社支配」，「経営者と大株主の共同支配」，「株主としての専門経営者の支配」等の諸説があげられるが，こうした株式会社支配論，コーポレートガバナンスの問題，そして，株式会社における会計主体論の検討にとっては，大株主，一般株主，専門経営者，機関・法人，これら相互の関係を現状分析による実体把握の上で解明することもまた，問題解決の重要な鍵になると思われる。

参考文献

1) 飯野利夫・山桝忠恕編『会計学基礎講座1』，有斐閣，1963年，215～236頁参照。
2) 馬場克三『会計理論の基本問題』，森山書店，1975年，49頁。
3) W. J. Vatter., *The Fund Theory of Accounting and Its Implications for Financial Reports.,* p. 7, 1947.
4) 山下勝治「利害関係者的要請をめぐって」，『会計』，第84巻第3号，1963年9月，12～13頁。
5) 阪本安一『近代会計と企業体理論』，森山書店，1972年，172頁。
6) 同上，35頁。

第6章 二つの会計主体

7) 同上，37頁。
8) 同上，173頁。
9) 同上，52頁。
10) 高松和男『現代会計の原理』，実務会計社，1966年，52～53頁。
11) 高松和男『持分会計』，森山書店，1961年，40頁。
12) 内川菊義『資本剰余金論』，中央経済社，1968年，40頁。
13) 同上，40～41頁。
14) 同上，41頁。
15) 同上，41～42頁。
16) 同上，43頁。
17) 片山伍一編著『現代企業の支配と管理』，ミネルヴァ書房，1992年，47頁。
18) 同上，47頁。
19) 同上，55頁。

第Ⅱ部

会計教育の研究

第Ⅱ部

火山の噴煙塵

第7章

会計教育の再検討

1 はじめに

　著者は，2000年度九州国際大学全学部における担当科目「会計学Ⅰ」（配当年次1年・必修）の春学期試験の代替として，「会計学Ⅰ」履修登録者192名に対して，また，2000年度九州産業大学経営学部における非常勤担当科目「簿記原理Ⅰ」（配当年次1年・必修）の秋学期提出レポートとして，「簿記原理Ⅰ」履修登録者400名に対して，さらには，2000年度下関市立大学経済学部における非常勤担当科目「簿記原理Ⅰ」（配当年次2年・選択）の春学期試験問題として「簿記原理Ⅰ」履修登録者263名に対して，次のような簿記会計教育および簿記会計カリキュラムに関する意見，感想を求めた。

　すなわち，その課題の内容は，(1)簿記会計教授法，(2)検定試験制度の功罪，(3)簿記会計カリキュラム，(4)多様性のある進路別履修モデル，(5)セメスター制，(6)会計学演習，もしくは少人数の双方向的な授業形式の問題，(7)大学の簿記会計教育，のうちから1つテーマを選び，この7つのテーマ（参考文献として拙著『簿記会計教育論─基本問題の探求─』（中央経済社刊，1998年3月）を提示した。）に対する意見，感想を述べていただくものである。

　次に(1)～(7)のテーマ別に履修者の意見を紹介することにする。本章でとり

第Ⅱ部　会計教育の研究

あげた学生諸君の意見は，1996年度九州国際大学国際商学部での担当科目である「簿記論」および「会計学」の後期試験の代替として履修登録者264名に対して実施した同じ7つのテーマに関する提出レポートでは見られなかった斬新なものばかりである。

なお，学生諸君の氏名は，省略している。また，学生諸君の文章は，ほとんどありのままに紹介しているが，文章によっては，一部の誤字，脱字，文言の修正を行っている。

24年間の教員生活を経験して思えば，まさに「教えることは，学ぶことだ」と言えるが，本章はこの点を実感するほどに学生諸君の貴重な意見も多く，これからの会計教育および大学教育に関して検討すべき課題を提示してくれている。ここに紹介させていただいた学生諸君に対して，この書面を借りて心から感謝の意を表する次第である。

2　7つのテーマに関する履修者の意見，感想～2000年度の事例～

(1)　**簿記会計教授法**

①　簿記会計に限らず，大学におけるあらゆる講義にもいえることだが，試験の結果や授業の進行具合だけを気にするのではなく，学生との人間関係を大切に深めていって，まずもって，学生にその授業に対する興味をもたせることが大切だと思う。そのうえで授業を開始し，わからないところがあるならば，いつでも学生が質問できるような状況をつくることが大切なのではないか。私は，教員中心ではなく，あくまで学生を中心とした授業を行っていくことが，学生に授業への興味を与え，なおかつ，学生の学習能力を向上させていく最善の方法ではないかと思う。

②　簿記会計学習法は，「習うより慣れろ」というよりは，「習ったことを生かしながら，慣れろ」と言ったほうが適切ではないかと思う。

③　基礎力・基礎知識というのは，何においても必要なもので，知識を暗記するだけでは，試験以外の実践においては，ほとんどと言っていいほど役に立

たない。なぜならば，受験前になると各学校では，基礎力を固める学習というより，過去の問題などから出題の傾向を予測し，それに似た応用問題ばかりを授業でとりあげる。確かに，類似問題が出たならば，みんな解くことができる。しかし，少しひねった問題やまったく系統が違った問題が出た時，基礎力もそれを応用する力も身につけていなければ，単に出題パターンを暗記していた学生たちは，その問題を見ても解くことができない。せっかく良い知識をもっていても，それを利用することができる知恵がないために，その知識を無駄にしてしまっている。授業を始めるにあたって学生に時間をかけてでも一番理解させなければならないものは，基礎力と基礎知識，そして，それを応用できる能力ではなかろうか。何パターンかの応用力を把握していれば，答えを出すことに関しては，少しは楽になるのではないか。

④　簿記は，「習うより慣れろ」という言葉が，まさに当てはまる学問である。ただ聞いているだけでは，自分の実力にはなっていないのが，ほとんどだと思う。自分で考えて答えを出してみることで本当に理解できたといえる。自分で考えもしないで解説を聞いただけでわかったつもりになるのである。誰でも人は，答えを導き出す前に解答を聞くととても簡単だと思い込んでしまう。しかし，自分で解いてみると意外に解けないものである。

⑤　授業中に黒板に出て解答させ，正解であれば，平常点をつけると約束すれば，なおやる気が起きるようである。しかし，反面黒板に出る学生は，商業高等学校出身者ばかりになってしまいがちである。しかも，黒板の字が小さかったり，薄かったりして見にくい問題も起きる。あまり黒板に出て，やらせるのではなく，全員に問題を出して，一人一人見る方が，皆どれほどできるかの理解度がチェックできて良いように思う。

⑥　確かに出席点をもらえるというのは，なかなか魅力的だが，平常点システムには反対だとする学生も多い。なぜなら，クラスの中には，大学で初めて習うという学生もいれば，高校の時にすでに学習した学生もいる。高校で簿記を学習した学生もいる。高校で簿記を学習した人は，速く解くことができ，黒板に書いて，どんどん点数が上乗せされていく。しかし，初心者は，毎回問題

を解く途中で,もうやめてしまい,写すことに専念してしまう。それに,黒板の字は,大変見にくいから,写すのに本当に困ってしまう。プリントで答え合わせをしてもらえれば,ゆっくりと家でもう一度復習しようという気になる。レポート形式だと初心者も時間を気にせずに,ゆっくり解くことができるし,高校時代に学習した学生とも差がつきにくい。しかし,大人数だと教員のレポートの採点,記録という負担の方が大変だと思う。

⑦ 高校から簿記を習っている人や検定を受けている人などには,全くかなわない。平常点1点取るのでも,なかなか大変だ。逆に,簿記経験者は,授業を聴いていなくても,簡単に点が取れる。ましてや,経験者の解答を見て,そのプリントを毎回提出している人もいる。そういうのを見ると,逆に一生懸命やっているのが,無意味に思えてきた。平常点は,毎回の努力の積み重ねだから,一生懸命やっているところをもっと評価してもらいたい。

⑧ 問題の解答を黒板に書かせ,平常点をつけるという方法も初心者からしてみれば,「テストで十分な自信を持てない分,平常点が少しでももらえるなら」といった具合でやる気も出るし,授業に張りが出て良い。しかし,こういった講義を行うと初心者には良いが,経験者にとっては,つまらないものになってくる。かといって,経験者の方にウエイトを置いた講義を行えば,初心者が困ることになる。したがって,はじめに能力の差に応じたクラス編成を行い,個々人に応じた講義を展開していく方が良いと考える。

⑨ 現在のような多人数の講義での授業中の平常点には反対である。つまり,少人数であるならば,平常点の効果は高いものと考えられるが,あまりにも人数の多い現在の状況で実施すれば,かえって授業の理解を遅らせる結果になってしまうのではないか。現在のような多人数の講義では理解できなかった時,教員には聞かずに,近くの学生に質問する者がいる。これを授業中にするので,教室はうるさくなり,質問された学生は,その間は授業に参加できない。これは,真面目に授業に集中しようとしている者にとって非常に迷惑な話である。このように周りに迷惑な質問をする者は,決して自分で調べようとはせずに,今解かねばならない問題の内容さえ聞いておらず,また,理解していないこと

第7章　会計教育の再検討

が多い。単位さえもらえば良いという考えを前面に押し出している者もいる。このような学生は，通常でも授業の内容自体あまり聴いておらず，隣とのおしゃべりに忙しい。欠席も多く，予習・復習もしないのなら，わからないのは当然である。そうでありながら，「予習をしているが，聴いてもわからない」と平気でいい，答えのみ写して課題を提出してしまうのである。

　現状でのプラスαという平常点は，あまり上記のような学生の集中力ややる気を向上させていると言えない。途中でわからなくなり，簿記を苦痛と感じ始める学生のためにも，少人数での補講的な時間をもってほしいと思う。簿記検定を受けるわけでもなく，容易に単位のみを取ろうとした結果，何も身につかないというのでは，あまりにもその時間が無意味である。

　しかし，学生を指名し，黒板に解答を書かせるのは，魅力的である。学生の書く解答には，わかりやすい説明がつくわけでもなく，字が小さくて見えにくかったり，わかりにくかったりする。これを補おうとする学生は，積極的に教室の前方の席を確保しようとし，教師の説明に集中するだろう。「字が見えにくい」と主張する大半の学生は，後方の席に着こうとする。

(2)　検定試験制度の功罪

　A　簿記検定試験のメリット

　①　「簿記学」「会計学」の授業は，検定合格を最終目標と考えるべきだと思う。つまり，履修中に検定合格したら単位を与えるとしておけば，学生は積極的に簿記を学習すると思う。それに「超氷河期」の現在，学生にとって簿記検定合格は，就職活動の折りに有利に働くというメリットがある。第一，簿記は，社会に出て実用性の高い即戦力になる経営技術である。検定合格に目標をおいて授業中は，検定に出題された過去問題を解くというのは賛成である。やはり，先生から教えられるだけでなく，自分で五官を使うことによって，だんだんと慣れてくるものだと思うからである。

　②　某国立大学経済学部が，簿記検定の合格者に対して単位を認定するシステムを導入したが，これは画期的な取組みである。実社会に出てからも役に立

つ資格取得が，会計科目の単位認定になれば，学生も真剣に簿記学習に取り組むであろう。また，資格取得によって昨今の就職難の緩和も図れる。資格は，一生自分の財産となり，技能の証明となる。学歴だけでなく，在学中の実績，内容が問われる昨今の就職状況を見ると，大学入学後早めに簿記検定に合格したり，会計関連の資格を取得するべきである。たとえば，国際商学部国際ビジネス学科の学生には，全員簿記検定3級の資格取得を義務付けるなど徹底したシステムが必要である。また，さらなるスキルアップを目指す学生を養成するために，高学年向けに学内のエクステンション講座で税理士，会計士の試験科目の受講を促進し，将来の目標を明確にもたせることが大切である。

③　簿記の資格取得によって得られるものは，実社会に出てからの実践力だけでなく，取得できたという本人の自信である。学生の学習意欲をかりたてるきっかけが，大学の授業の中にあるというのは，とても魅力的である。また，自分自身の将来のために必要な科目を選択し，それを基礎に会計のスペシャリストとしての道を目指せる大学の簿記会計教育というのは，人を育てる教育に直結する価値あるものだと思う。このような取組みが，徐々に広がっていくことで，大学での簿記会計教育に新しい流れができ，カリキュラム，教育方法の全体的な発展にもつながっていくのではなかろうか。

④　簿記検定試験という目標が設定されているために，学生への動機づけとして有効である上に積極的に自習するようになったり，検定に合格することで自信をもち，今まで自分に自信がなかった学生が積極的に物事に取り組むようになったといった実例をあげることができる。

⑤　簿記会計教育が，検定試験と密接な関係にある以上，検定が全国規模で展開され，毎年多くの受験者がいるということで，簿記会計教育が大きく前進しているといったことは，検定のもたらすメリットであるということができよう。

(3)　**セメスター制**

　A　セメスター制のメリット

　①　通年よりも慣れが生じないし，ダレたりもしない。

② 通年制では前期が駄目なら，後期も駄目なようである。

③ セメスター制導入の大きな理由は，多くの科目選択が，可能になるからではないだろうか。大学に入学するにあたり，将来のことを決めている学生は少ないと思う。多くの学生が，この４年間で進路を決めるが，そこで大切なことは，できるだけ多くの学問と出会い，自分に合ったものを選択することである。

以上の点から多種科目選択が可能なセメスター制は，学生にとって喜ばしい制度といえる。

④ 大学にも小・中・高と同じく，春・夏・冬の休みがある。この長期休暇は，「休みボケ」を起こすため，休み前に学習した講義内容を忘れるなどの支障をきたす心配がある。その点，セメスター制の下では休み明けには履修科目は，一からスタートするため，無理のない学業プランが立てられる。

⑤ 仮に，今受講している科目の先生と，相性が合わなかった場合，もしくは，その先生の科目を放棄した場合，通年４単位では，後期における単位についても失格になってしまう。しかし，半期完結型では，後期に履修変更をするなどの解決策ができる。

B　セメスター制のデメリット

① 海外留学したい場合に，セメスター制を導入し，半期プラス夏休みという時間が確保できれば，外国に行きやすくなる。いくら時間が自由になるとはいえ，自分の専門分野の研究とは無縁の自分の趣味に時間を費やす人ばかり増えては問題といえるかもしれないが，しかし，私は，それでもいいと思う。大学は，専門分野を学ぶ場所であるかもしれないが，同時に自分の可能性を見つけたり，自分自身を見つめるために時間がある，と私は考えている。ただ遊んで暮らす学生は，休みの期間が長かろうと短かろうと，そういう風に過ごすのである。

セメスター制により前期で単位を修得すれば，後期は自由に時間を活用できるというメリットが考えられるが，大学によっては，半期修得可能単位の上限が決められており，前期で単位を修得してしまうことはできない。上限を決め

る理由は，学生が半期のいずれかで受講しないからだと，聞いている。しかし，これでは何のためのセメスター制なのか全くわからない。受講するかしないかは，学生自身の問題であり，学校側が強制的に決めることではないのではなかろうか。たとえば，半年間の外国留学を望んだとしても前後期共に受講しなくてはならないために，結局休学せざるを得ない状態になってしまう。これではセメスター制のメリットを半分も生かせていないといえる。怠ける学生もいれば勤勉な学生もいる。つまり，人それぞれなのであるから，この点を理解したうえで，学校側はもう一度セメスター制について再検討する必要があろう。

② 次にセメスター制のメリットとして短期集中型の授業により少数科目を集中的に履修できることがあげられる。確かに短期集中することで教育効果が高まるといえる。しかし，現実は半期で検定試験を受けるほどの実力をつけることは大変難しく，本気で簿記検定を受けようとする学生は，たいていが専門学校へ行くというダブルスクール方式をとっているのである。そこには浅く広くというセメスター制のメリットが，逆にデメリットとなってしまう逆効果が働いてしまうのである。

さらに，セメスター制の短期型システムは，問題を含んでいる。現在の授業形態は前期・後期と分かれているが，簿記等の授業では前期で基礎力を後期で応用力を修得しようとする傾向が多いように思われる。講義名では，簿記論（簿記原理Ⅰ）・上級簿記（簿記原理Ⅱ）等と呼んでいるが，たとえば，今のセメスター制の下では，簿記論を受講していない学生でも上級簿記を受講することができる。教授も心得たもので，そのような学生たちのために上級簿記の授業は，また基礎から教え始めるのである。そうして結局終わってみると，応用力を磨くはずの上級簿記の授業は，簿記論と同じ範囲を繰り返して終わっただけだったというのは，よくある話である。これもセメスター制のメリットであり，デメリットでもある。浅く広く学びたい学生にとってこれは良いことである。しかし，狭く深く学びたい学生にとっては，これは，時間の浪費である。

③ セメスター制における単位取得限定制は，1年でなく半期に取得できる単位が限定されていることである。たとえば，ある大学では半期で25単位ま

第7章　会計教育の再検討

でしか単位を取得できないので，卒業に必要な単位数132を考えると，1年次から3年次前期まで半期ごとに25単位を取得しても，3年次の後期まで単位は取得しなければならない。しかし，現実的に試験は，欠席のほか，単位を1つも落とさない等は，誰が考えても難しく，結局，4年まで取得せざるを得なくなってしまうのである。このように取得単位を限定されている大学の学生は，残りの半期を有効に使えるはずもなく，有効に使いたくてもできないという現実がある。ましてや時間を有効に使おうと，後期を自主的な活動にあてると，それこそ留年の道を歩むことになりかねないのである。

　逆に，ある大学では単位限定などはなく，各セメスターで単位は，取り放題であり，学生からすれば，単位が取りやすいというよりも，学生に任されている自由とセメスター制を生かせる点が，うらやましいかぎりである。取得できる単位を限定されるのは，学生にとって非常に厳しいものであり，大学によって違うという点に不公平すら感じる人もいるのではないか。

　④　セメスター制のデメリットに教職員の労働強化があるが，取得単位を限定することによって教職員のデメリットでなくなる。とすると，セメスター制を導入し，そのうえ取得単位数を限定するということは，学生にとって自主的に活用できる時間がもてるというメリットをなくし，一方では教職員の労働強化というデメリットを解消すると考えられてもおかしくないのではなかろうか。これでは誰が主役の大学か，誰のための大学かがわからなくなる。

　⑤　4月と10月の1年に2回も履修届を出さなければならないことや単位が取りにくいからという理由で半期で履修科目を変えてしまうことで勉強の内容が中途半端に終わってしまったり，そのせいで教科書の費用が通年の時よりかかることになってしまう。

(4) 大学の簿記会計教育

　①　簿記の講義は，1クラス30名程度で小さな教室で講義するのが望ましいと思う。大教室で大人数だとわからなくなっても，途中で聞きづらいし，教員と学生とのコミュニケーションが図りづらい。教育の基本は，人間関係を形

成することである。簿記は，1つわからなくなると，どんどんわからなくなり，嫌いになってしまうので，少人数制で学生の目線に合った一人一人に手が行き届く講義が望ましいと思う。

② クラス分けの際，簿記経験者と未経験者，もしくは，各人のレベルに合ったクラス分けをする。そうすれば，授業も個々のスピードに合ったものになり，授業が受けやすくなる。

③ 学生数が，200名を超えた場合，学生の能力別，目的別にクラスを振り分けた方がよい。学生が初級簿記の講義中，理解できないことがあっても，質問する余裕のない状態のまま講義だけ進んでいくという事態が起こった場合，少人数50名以内の演習形式だとこういう問題は解消できる。

④ 大学での簿記講義の目的を実践的な力を身につけることと考えた場合，週1コマくらいの講義ではこれは難しいのではないだろうか。週1回の授業では，あまり学習効果は期待できない。第一，大学のような大教室200名以上では，黒板が見にくかったり，声が聞きづらかったり，質問がしにくかったりと，いろいろな問題があると思う。それに，商業高校では検定合格という目標のためにやっているが，大学ではいろいろな学生が混在している。たとえば，初めて簿記を学び，少しでも簿記を知っておこうと思う学生。初心者でも検定を目指す学生。ただ単位のためだけに受講する学生。日商1級を目指す学生等さまざまである。このような学生をひとまとめにするというのは難しい。目的やレベルの異なる学生が，同じことをしても，やはり，個々の記帳・計算技術の向上は難しいのではない。

できれば，40人ぐらいで学生の目標ごとにクラス編成し，それぞれの目標に向けてやる方が効率的であり，学生のニーズに合うといえる。簿記の検定合格を目指す学生にとっては，大学の授業方式は，合わない。簿記は，少人数できちんとわからない箇所を説明しないと理解できないように思う。

⑤ 私は，実務界で使えるような実力をつける講義を行うべきだと思う。たとえば，検定問題や経理関連のケース・スタディなどである。将来，役に立たない簿記原理を学ぶよりも，実務に役立つことを学んだ方が良さそうである。

⑥　私は，理論的なことをまず勉強し，基礎的なことを覚えるのも大事ではあるが，それよりも学生に作業をさせ，計算の合った時の面白さなどを教え，簿記に興味をもたせる方がよいと思う。

⑦　実際に，社会に出て必要になることは，実践的なことであるから，深い内容を難しく説明するだけの授業では，簿記初心者には，さっぱりわからないであろう。帳簿は，なぜ会社に必要なのか，なぜ，記帳する必要があるかという内容は，大事であるが，実践的な帳簿の記帳の仕方も大事な内容であるからにほかならない。

3　おわりに

以下において7つの課題に関する2000年度履修者855名（九州国際大学「会計学Ⅰ」192名，九州産業大学「簿記原理Ⅰ」400名，下関市立大学「簿記原理Ⅰ」263名）の意見，感想を総括すると次のとおりである。

(1)　簿記会計教授法についての回答のうち主な意見は，次のようであった。
　①　少人数制が望ましい。
　②　平常点システムに賛成とこれに反対とは，ほぼ同数である。
　③　出席重視が良い。
　④　検定試験中心の授業よりも，簿記の原理や基礎が大事。

(2)　検定試験制度の功罪についての回答のうち，このメリットについて答えた学生の意見は，次のようであった。
　①　就職活動時に有利に働く。
　②　合格すると自信ができる。
　③　簿記検定合格目標のためにやる気が起きる。
　④　ビジネスにすぐに役立つ，など。
　逆に，これのデメリットについては，以下のようであった。

① 検定試験程度では，本当に実社会に出てから，役に立つのか疑問に思う。
② 検定に合格しても応用力が効くとは限らない。
③ 簿記原理の軽視等の意見がみられる。

なるほど，検定試験制度には，一長一短の両面があることを学生諸君も認識しているといえる。

確かに，闇雲に簿記検定合格を促進するのではなく，就職活動，転職における有効性を検証したうえで，学生諸君に適切な資格検定に関するアドバイスを行う必要があると思う。

(3) 簿記会計カリキュラムについては，簿記（技術）から会計（理論）へと進む方向をほとんどの学生が支持している。そして，次のような意見が多くみられた。
① 大学における簿記会計教育の実務面の重視。
② 簿記論（簿記原理）と会計学（財務諸表論）は必修科目にした方が良い。

(4) セメスター制について回答した学生のうち，これに賛成する意見，もしくは，これのメリットとする理由は，次のとおりであった。
① 学習効果が上がる。
② 科目選択の幅が増える。
③ 半期完結制による残りの半期は，教員の研究，学生の資格・検定試験の勉強等に時間を有効に活用できる。
④ 社会人，編入学生，外国人留学生の受入れがスムーズになる，など。

逆に，セメスター制に反対する学生が，これのデメリットとする理由は，次のとおりである。
① 仮に，1年分のカリキュラムを半期で終了した場合，学生は自分の趣味，遊びに費やしてしまい，残りの半期を有効に活用しない。つまりは，セメスター制に慣れていない。
② 講義が短期間のため学習内容を十分修得していない理由で，テスト勉強

第7章　会計教育の再検討

等の負担がかかる。

(5)　会計学演習についての意見は，必修制よりは圧倒的に選択制が良い，としている。

(6)　大学の簿記会計教育の目的に関する回答のうち主な意見は，次のとおりである。
　①　簿記会計教育は，実務的な内容が良い。
　②　逆に理論志向的が良い。
　③　就職活動に簿記検定合格が有利に評価される社会システムを構築するべきである。

第8章

国際ビジネス教育と会計教育

1　はじめに

　本章の第一の目的は，まず，日本の大学にある国際ビジネス系の13学科（国際経営学科8，国際商学科3，国際ビジネス学科2）から恵贈していただいた履修要項，シラバス，学生便覧の2000年度版を調査し，純然たる経営学科・商学科と比べて，13学科のカリキュラムにみられる特色は何か，そのカリキュラムの共通性を明らかにすることである。

　次に第二の目的は，13学科のカリキュラム調査結果の一般性を整理したうえで，私の本務校である九州国際大学における国際商学部国際ビジネス学科のカリキュラムと経済学部経営学科のものとの差別化を図り，各々の特色を明確にするために，前者のカリキュラムの現状と課題を明白にし，その改善案を提言することである。これを契機に学内外の活発な議論と生産的な批評を期待する次第である。

2　日本の13大学の国際ビジネス・カリキュラムに対する調査結果

　国際ビジネス教育科目は，近年わが国の大学院および学部のカリキュラムに

おいて，増加する傾向にあるが，現行の日本的な国際ビジネス・カリキュラムの実態を明らかにするために，図表7-1で13大学13学科の2000年度公表資料である，履修要項，シラバス，学生便覧等を集計，分析し，その要約を示している。公表資料の恵贈依頼をした13大学は，いずれも国際ビジネス教育を重視したカリキュラムを設けている大学ばかりである。図表8-1では13大学の学部学科名，コースの有無，ゼミナール，プロゼミナール，外書講読・卒論の有無と必修，選択の区別，総必修科目単位数に対する専門教育科目必修単位数の割合，セメスター制の実施状況，そして，実習科目，情報科目，外国語科目，地域研究科目の開講状況等を紹介しており[1]，国際ビジネス教育カリキュラムの内容を総括できる。

(1) コース制は，13学科のうち7学科にみられ，コースの数は，K大学の2つを除いて，他は3つである。

(2) プロゼミナール（基礎演習）の開講は，10学科にみられ，うち6学科60%が必修であり，配当年次は，すべてが1年次である。

(3) ゼミナール（専門演習）は，すべての学科で開講されており，必修度は7大学で53.8%である。ちなみに，選択必修制は，1学科，選択制は5学科である。なお，4大学が，4年間一貫の少人数演習を開講しており，内訳は必修1，選択必修1，選択2である。また，6大学が2年次を除く3年間の演習を開講しており，内訳は，必修が4，選択が2である。そして，3大学が，3・4年だけの専門演習を開講しており，内訳は必修が2，選択が1である。

(4) 卒業論文は，7学科にあり，うち5学科がこれを4年次の専門演習の中で義務づけている。

(5) 外書講読は，11学科で開講されており，4学科が必修である。

(6) 総必修科目単位数に対する専門教育科目必修単位数の割合は，10%未満が6学科，10%以上が4学科で，これは，12.9%から15.8%の間に入っている。

(7) 13大学のうち8大学が，実習科目（海外語学実習，国内企業研修他）を開講しており，うち選択必修制が3大学，選択制は5大学である。

図表8-1　国際ビジネス関連13学科のプロフィール

調査大学数13 大学名は書いていない	学部・学科名	コース制・専攻	セメスター制	専門教育科目必修単位数 総必修科目単位数	ゼミナール 必修・選択・選必	ゼミナール 配当年次	ゼミナール 単位	ゼミナール 名称	卒業単位数	地域研究単位数 卒業単位数	外国語科目必修単位数 卒業単位数	プロゼミナール 必修・選択・選必	プロゼミナール 配当年次	プロゼミナール 単位	プロゼミナール 名称
A大学	国際経営学部 国際経営学科	国際経営コース 国際会計コース 国際関係コース	セメスター	46/40	必	3・4	8	専門ゼミナール I～IV	130	3%	18.5%	必	1	4	基礎ゼミナール I・II
B大学	国際経済学部 国際経営学科	なし	—	4/14	必	3・4	4	演習 I・II	140	なし	17.1%	なし			
C大学	経営学部 国際経営学科	マネジメント 環境 コミュニケーション	セメスター	34/46	必	2・3・4	10	演習 I・II・III	124	なし	9.7%	必	1	2	基礎演習
D大学	国際政治経済学部 国際経営学科	グローバル・ガバナンスコース 国際コミュニケーションコース ファイナンスコース	—	16/42	選	3・4	12	演習 I・II	134	なし	16.4%	必	1	4	入門セミナー I・II
E大学	経営学部 国際経営学科	なし	—	16/32	選	3・4	12	ゼミナール I～IV	128	なし	14%	なし			
F大学	経営学部 国際経営学科	なし	—	28/36	必	3・4	8	発展演習 卒業演習	128	3%	9.4%	必	1	4	基礎演習
G大学	経営学部 国際経営学科	なし 主・副専攻（経営学科）	セメスター	4/16	選必	2～4	12	専門ゼミナール I・II・III	124	6.5%	12.9%	選必	1	4	基礎ゼミナール
H大学	経営学部 国際経営学科	国際ビジネスコース 会計コース 経営総合コース	セメスター	0/8	選	1～4	28	ビジネス演習 I～IV（含む論文）	124	なし	6.5%	選	1	2	プレゼミナール
I大学	商経学部 国際商学科	—	セメスター	12/14	必	3・4	8	研究演習	142	なし	21.1%	必	1	2	演習
J大学	経済学部 国際商学科	国際商学コース 経営学コース 経営情報コース	セメスター	16/30	必	3・4	8	専門演習 I・II	132	なし	10.6%	選	1～	2	教養演習合計3科目6単位しか受講できない
K大学	商学部 国際商学科（経営学科）	国際ビジネスコース 流通・マーケティングコース	セメスター	0/10	選	2・3	8	ゼミナール I・II	126	なし	9.5%	選	1	2	基礎ゼミナール
L大学	国際学部 国際ビジネス学科	なし	セメスター	24/54	必	3・4	6	ゼミナール	132	9%	19.7%	なし			
M大学	国際商学部 国際ビジネス学科	流通系 会計情報系 経営・経済系	セメスター	0/4	選	3・4	8	専門演習 卒業演習	126	6.3%	6.3%	必	1	4	国際ビジネス入門 I・II

調査大学	卒業論文 必修・選択・選必	卒業論文 配当年次	卒業論文 単位	卒業論文 名称	外書講読 必修・選択・選必	外書講読 配当年次	外書講読 単位	外書講読 名称	実習 必修・選択・選必	実習 配当年次	実習 単位	実習 名称	情報 必修・選択・選必	情報 配当年次	情報 単位	情報 名称	語学 必修・選択・選必	語学 配当年次	語学 単位	語学 名称	地域研究 必修・選択・選必	地域研究 配当年次	地域研究 単位	地域研究 名称
A大学	なし				必	2	4	英語講読ゼミナール I・II	選	1	2・4	海外研修 I・II	必 7科目	1	2		必 選	3・4 1・2	24 16		選必	3・4	4	
B大学	なし				必	1～4	8	英語経営書講読 I～IV	なし				必	1	2		選必	1・2	24		選 9科目			
C大学	必	4		演習IIIで義務づける	選	3	4	外国書講読 I・II	選必	2	4	国際コミュニケーション論（含む海外実習）	必 7科目	1	2		必 選必	1・2 1	4 8	英語	11科目			
D大学	4年次の演習IIで義務づけられている場合は提出すること				必 選必	3・4	4	外国書講読 I・II	なし				必	1	2		必 必	1・2	16 6	英語 英語以外	なし			
E大学	選	4	4		選	3	3・4	専門書講読	なし				選 4科目				必 選必	1～4 1～4	10 8	英語 第2外語	なし			
F大学	なし				選必	2	2	経営外国文献講読〔1〕	選			国際共同研修 企業研修	必 10科目		4	情報コースのみ12単位以上選必	必 選必		8 4		選必		4	地域研究
G大学	なし				選必	2	2		海外語学実習 海外フィールド実習 国際フィールドワーク 企業実務実習				選必 10科目		8		必修 選必		4 12	英語（英語4を含む）	選必		8	言語と文化
H大学	選	4		ビジネス演習IV 8単位に含む	なし				選	2	2		選 6科目				選必 8科目		8		8科目			
I大学	必	4	8	研究演習の中に含む	必	3	4	外書講読	なし				必 9科目	1	2		必 必 必	1・2	6 16 8	英語演習 I・II 第1外語 第2外語	なし			
J大学	必			専門演習IIの受講者に義務づけられる	必	3・4	4	外書講読 I・II	外国語研修				必 9科目	1	4		必 必	1～4 1～4	8 6	第1外語 外国語実習	選必			
K大学	選	4	4	卒業論文	選	3	4	外国書講読	なし				選 2科目				必 必	1～4 1・2	6 6	英語 I～IV 第二外国語	16科目			
L大学	必	4	6	ゼミナールIV（含む論文）	選	3・4	4	専門書講読	選	1～4	4	海外研修 I・II	必 6科目	1～4	8		必	1～4	26		選必	2～4	4	12単位以上
M大学	なし				なし				選必	2	2	海外語学実習 海外社会実習 国内社会実習	選 4科目				選	1		8単位以上	選 8科目	1・2	8	

(8) 情報科目は，13大学全部が，4科目から10科目まで開講しており，8大学が情報教育基礎科目を必修科目として，1大学が選択必修科目として，4大学が選択科目として履修させている。履修義務の単位数は，2単位から8単位までまちまちである。

(9) 語学は，低学年で必修単位とする大学は，10校あり，選択必修として履修させる大学は5校，選択として履修させる大学は4校ある。履修義務の単位数は，8単位から26単位までと幅広い。語学の重視度は，大学によって若干とらえ方が異なっているが，卒業単位数に対する語学単位数の割合は，0〜10%が5大学，11〜20%が7大学，21.1%が1大学となっている。

(10) 特定の地理的地域研究は，異文化理解のために特定地域の歴史，文化，政治，経済等を研究する分野である。10大学がこれを開講しているが，5大学が選択必修としており，3大学が4単位を2大学が8単位を選択修得させている。

卒業単位数に対する地域研究単位数の割合は，多い順に9%，6.5%，6.3%，3%，3%である。

(11) 13大学のうち9大学が，セメスター制を実施している。

次に図表8-2から図表8-8において13大学で開設している専門教育科目を「経済学」，「経営学」，「商学」，「会計学」のように主要な学問分野に区分し，それぞれの開設科目の種類と国際ビジネス系学科らしい特徴的な科目をみてみよう。

(1) 図表8-2の「経済学」科目は，旧大学設置基準経済学部経済学科[2]の場合にいう◎必置科目，○準必置科目が上位を占めている。しかし，ほとんどが選択扱いとなっている。経済原論という経済学分野の総論（基礎）が必修度33.3%で1位である。また，日本経済論，開発経済論，アジア経済論が3位，4位，7位に入っているのは，国際ビジネス関係にふさわしい「経済学」科目といえよう。

(2) 図表8-3の「経営学」科目は，旧大学設置基準でいう経営学部経営学

第 8 章　国際ビジネス教育と会計教育

図表 8-2　「経済学」科目

開設数	科目名	必修	選必	選択
10	◎経済原論	3	2	5
10	◎国際経済論	1	4	5
7	○日本経済論	0	2	5
4	◎経済政策	0	0	4
4	開発経済論	0	2	2
4	◎経済史	0	1	3
3	アジア経済論	0	3	0
3	ミクロ経済学入門	1	1	1
2	経済地理	0	0	2
2	アメリカ経済論	0	2	0
2	消費経済論	0	1	1
2	欧米経済論	0	0	2
1	財政学	0	0	1
1	現代経済論	0	1	0
1	オーストラリア経済論	0	1	0
1	ヨーロッパ経済論	0	1	0
1	◎社会政策	0	0	1
1	マクロ経済学入門	0	0	1
1	EU経済論	0	1	0

科[3]の場合に該当する必置科目, ○準必置科目が上位を占めているのがわかる。経営学分野の総論（基礎）である経営学総論が1位で必修度54.5%である。2位の国際経営論, 6位の多国籍企業論やその他にも日本経営論, 総合商社論, 国際ビジネス論, 国際比較経営史, アジアビジネス事情, 欧米ビジネス事情等は, グローバルな専門性の高い国際ビジネス関係学科ならではの特徴的な開設科目といえるだろう。

(3)　図表8-4の「商学」科目は, 旧大学設置基準にみる商学部商学科[4]の◎必置科目, ○準必置科目に該当する科目が上位を占めているが, そのいずれもが必修度はきわめて低く, 選択の割合が高い。中でも国際マーケティング論, 貿易商務論, 国際金融論, 国際商品論, 国際金融機関論, 国際交通論, 国際商品取引論, 国際市場戦略論等が, 必置科目ではないが, 国際ビジネス関連の特

図表8-3　「経営学」科目

開設数	科目名	必修	選必	選択
12	◎経営学総論	6	4	2
11	○国際経営論	4	4	3
10	◎経営管理論	2	3	5
9	◎経営組織論	0	4	5
8	◎経営財務論	0	3	5
7	○多国籍企業論	0	3	4
6	◎労務管理論	0	1	5
5	◎企業論	0	1	4
5	◎経営史	1	1	3
5	◎生産管理論	0	3	2
5	○経営戦略論	0	1	4
4	経営科学論	0	0	4
4	○日本経営論	0	1	3
4	経営倫理論	1	1	2
3	◎情報管理論	0	0	3
3	リスクマネジメント論	0	2	1
3	国際財務論	0	3	0
3	比較経営	0	1	2
3	経営学史	0	1	2
3	国際比較経営論	0	2	1
3	総合商社論	0	1	2
3	企業形態論	0	2	1
3	◎中小企業論	0	1	2
2	国際労務論	0	2	0
2	企業文化論	0	1	1
2	国際ビジネス論	0	2	0
1	グローバル企業論	0	1	0
1	財務管理論	0	1	0
1	欧米ビジネス事情	0	0	1
1	アジアビジネス事情	0	0	1
1	人的資源管理論	0	1	0
1	企業者史	0	1	0
1	国際比較経営史	0	1	0
1	○経営統計学	0	0	1
1	管理科学	0	0	1
1	国際経営倫理	0	1	0

図表8-4 「商学」科目

開設数	科目名	必修	選必	選択
12	◎マーケティング論	1	6	5
9	国際マーケティング論	0	3	6
8	貿易商務論	0	1	7
7	○貿易論	1	3	3
7	◎保険論	0	3	4
7	◎金融論	0	1	6
7	国際金融論	0	1	6
6	証券論	0	2	4
5	◎流通論	0	3	2
5	◎交通論	0	3	2
4	銀行論	0	1	3
4	外国為替論	0	1	3
3	◎商学総論	2	0	1
3	◎商業史	0	1	2
3	国際商品論	0	0	3
3	◎商業政策	0	0	3
3	国際交通論	0	3	0
2	商品学	0	1	1
1	国際ファイナンス論	0	1	0
1	ファイナンス論	0	0	1
1	流通経営論	0	0	1
1	国際商学入門	0	1	0
1	国際金融機関論	0	1	0
1	アジアの金融	0	1	0
1	リスク・マネジメント	0	1	0
1	国際商品取引論	0	0	1
1	物流システム論	0	0	1
1	国際商学特講	0	0	1
1	国際市場戦略論	0	1	0

徴的な科目といえるだろう。また，商学総論というこの分野での総論的基礎科目が，13大学のうち3大学だけ開講され，11位と下位にある。これは，商学の中核，もしくは中心テーマである「流通」関連の各論，たとえばマーケティング論，貿易論，流通論が，商学総論に代替される傾向がみられるからである，

(4) 図表8-5の「会計学」科目の上位2科目は,いずれも商学部商学科での会計学ボックスにおける必置科目である。会計学科目は総じて必修度は低い。4位の国際会計論や比較会計論,英文会計等が,国際ビジネス関係学科らしい特徴的な科目といえよう。他は,オーソドックスで不可欠な会計学科目ばかりである。

(5) 図表8-6の「国際関係」科目の上位にある国際関係論,地域研究,地域言語,国際政治論,国際機構論,国際資源論,国際技術移転等が,この分野での特徴的な科目である。しかし,そのいずれもが,必修度はきわめて低く,選択の割合が高い。

(6) 図表8-7の「政治・法学」科目の中で国際私法,国際取引法,国際法務が,国際ビジネス関係らしい科目といえるであろう。いずれの科目も必修度は,低い。

図表8-5 「会計学」科目

開設数	科目名	必修	選必	選択
12	◎簿記論	1	5	6
11	◎会計学	3	3	5
10	企業分析論	1	3	6
9	国際会計論	0	3	6
7	◎管理会計論	0	2	5
6	○原価計算論	0	0	6
6	監査論	0	1	5
6	財務会計論	0	3	3
5	税務会計論	0	1	4
2	英文会計	0	2	0
1	比較会計論	0	1	0
1	国際監査論	0	1	0
1	会計情報システム論	0	0	1
1	工業簿記	0	1	0
1	連結会計論	0	1	0
1	上級簿記	0	1	0

第 8 章　国際ビジネス教育と会計教育

図表 8-6　「国際関係」科目

開設数	科目名	必修	選必	選択
9	国際関係論	2	4	3
4	地域研究	0	1	3
4	国際政治論	0	2	2
3	地域言語	0	1	2
3	国際機構論	0	2	1
3	異文化コミュニケーション論	0	2	1
2	コミュニケーション論	1	0	1
2	国際資源論	0	1	1
2	国際技術移転	0	1	1
2	外交史	1	0	0
1	アジア概論	1	0	0
1	国際開発論	0	1	0
1	国際コミュニケーション論	0	1	0
1	海外NGO論	0	1	0
1	国際農業経済論	0	0	1
1	華僑論	0	0	1
1	国際労働論	0	0	1
1	開発と環境	0	0	1
1	アジア経済開発論	0	0	1
1	アジア経済事情	0	0	1
1	アジア近代史	0	0	1

図表 8-7　「政治・法学」科目

開設数	科目名	必修	選必	選択
10	民法	1	8	1
9	商法	0	2	7
7	憲法	0	1	6
4	国際私法	0	2	2
4	国際取引法	0	3	1
4	行政法	1	0	3
3	経済法	0	0	3
3	国際法務	0	1	2
1	日本政治論	0	0	1
1	税法	0	0	1
1	労働法	0	0	1

第Ⅱ部　会計教育の研究

図表 8-8　その他の開設科目

開設数	科　目　名	必　修	選　必	選　択
13	◎専　門　演　習	7	1	5
11	◎外　書　講　読	4	3	4
7	比　較　文　化　論	0	2	5
5	◎コンピュータ概論	1	0	4
3	商　業　英　語	0	0	3
3	コンピュータ実習	1	0	2
2	英　書　講　読　ゼミ	2	0	0
2	情　報　産　業　論	0	1	1
2	日　本　文　化　論	0	0	2
2	ビ　ジ　ネ　ス　英　語	0	2	0
1	比　較　宗　教　論	0	0	1
1	比　較　社　会　学	0	0	1
1	地　域　研　究　方　法　論	0	0	1
1	地　域　研　究　特　殊　講　義	0	0	1
1	情　報　シ　ス　テ　ム　論	0	0	1
1	デ　ー　タ　ベ　ー　ス	0	0	1
1	国　際　情　報　論	0	1	0

（7）図表8-8のその他の開設科目の中で専門演習は，100％開設，必修度58.3％とどの大学も重要視している。次に外書講読（英書講読ゼミも含む）は，100％開設，必修度50％である。この2科目とも旧大学設置基準でいう◎必置科目である。その他に比較文化論3位。情報化に対応した科目としてコンピュータ概論，コンピュータ実習，情報産業論，情報システム論，データベース，国際情報論が，開設されている。

3　国際経営学科・国際商学科・国際ビジネス学科と経営学科・商学科とのカリキュラムの相異点について

　これまで，国際経営学科8，国際商学科3，国際ビジネス学科2のカリキュラムを調査した結果，これらの共通点を一般化していうならば，これらのカリキュラムと純然たる経営学科や商学科のカリキュラムの相異点は，次のとおりである。

第8章　国際ビジネス教育と会計教育

(1)　国際ビジネス系の学科においては，専門科目名が，グローバルな研究視点を直感させるようにオーソドックスな経済学，経営学，会計学，商学の各科目の冠に「国際」を付けた科目が目立つこと。この点は，経営学科や商学科においては旧設置基準にみられるような国内のロジカルな研究視点を直観させる科目が目立つことと対照的である。

たとえば，国際経営論，国際財務論，国際経営戦略論，国際ビジネス論，国際経営倫理，国際マーケティング論，国際金融論，国際ファイナンス論，国際商品論，国際交通論，国際商品取引論，国際市場戦略論，国際金融機関論，国際監査論，国際関係論，国際機構論，国際資源論，国際技術移転，国際労働論，国際取引法，国際政治論など。

すなわち，13大学の国際ビジネス系学科の専門科目は，旧大学設置基準にいう商学科，経営学科の基本的な科目を設置したうえで国際性の高いグローバルな科目をも開設している点が特徴的である。シラバスを見るかぎり，オーソドックスな科目に国際を付けたにすぎない科目が多く目につく。たとえば，証券論を国際証券市場論と呼び，また，貿易論を国際貿易論と呼ぶようにである。

(2)　一般に国際○○学科という場合，その教育目標（理念）としてコインの裏表といわれる「情報化」と「国際化」の関係科目を中心に置く大学が多い。情報化科目は，9大学が低学年で履修を義務づけている。

この反面，国際化科目としては，特定の地域研究科目として10大学が開設しており，5大学が卒業単位の9％から3％の間で8単位から4単位の間で修得させている。そして，特定の地域研究の開講科目が多くみられ，学生が履修しようと思えば，数多く履修できるようになっている。

(3)　外国語科目は，低学年で履修を義務づけている。卒業単位数に対する割合は，21.1％から6.3％の間で26単位から8単位までと格差がある。

(4)　実習科目は，8大学が開講している。選択必修が3大学，選択は，5大学であった。

さて，13大学のうち，経営学部内に国際経営学科と経営学科を設けている

第Ⅱ部　会計教育の研究

F大学とG大学の実例によって両者の違いを具体的に検証しよう。

①　F大学経営学部の場合

国際経営学科と経営学科との専門教育科目配置上の違いは，国際経営学科の履修単位が，必修・外国語科目英語の英語講読Ⅱ（2単位）の分だけ多い。

図表8-9 ①②からわかるように選択必修の学科科目は，経営学科が経営外国語4単位以上と4コース（経営学・会計学・情報学・法学）12単位以上に対して，国際経営学科は，国際経営学（国際法務だけが学科固有科目）と地域経済論（学科固有は5科目）のボックスから28単位以上である。

上記学科固有科目以外には，基本的に両学科ともに同じ科目を開講しているが，科目ボックスのくくり方，科目の位置付けが異なっている。

たとえば，経営学科だけに必修学科基礎には，簿記概論と商法Ⅰが開設されているが，国際経営学科には，これがない代わりに国際経営論とビジネス・イングリッシュが開設されている。

②　G大学経営学部の場合

国際経営学科と経営学科とは，図表8-10 ①②のとおり，専門基礎部門は，ともに基本簿記が必修科目（4単位）であり，会計学総論，経営学総論，現代経済論から2科目8単位が選択必修となっている。

経営学科は，主専攻と副専攻の2専攻を設け，主専攻には経営学コースと会計学コースが設けられ，どちらかを選択する。副専攻には，国際経営学科および経済学部経済学科・産業社会学科にある主要科目群の中から［国際経営］・［地域・環境］・［グローバルファイナンス］の3コースが設けられ，そのうち1コースを選択させる。

このように，学生には主専攻・副専攻コースからそれぞれ1コースを選択することを義務づけている。国際経営学科には，この主専攻・副専攻コースは，設けられていない。この専攻制度は，幅の広い学修範囲に対し，主専攻は，会計学・経営学という主要な学問領域に対する明確な学修の指針を示し，副専攻は，高度な専門性と同時に幅広い分野にわたってその知識の修学を目指すための指針を示す。

第8章　国際ビジネス教育と会計教育

図表8-9 ①　F大学経営学部の選択必修科目（国際経営学科）

国際経営学科

必　　　修	◎	8科目28単位
選択必修A	○	7科目28単位以上
選　択　B	空白	選択必修A及び選択Bを合わせて48単位以上
卒業必要単位数		76単位以上

分　野	授　業　科　目	単位数	配当年次	履修	備　考
学科基礎	経営学総論	4	1	◎	必修（◎）は8科目28単位
	基礎情報処理	4	1	◎	
	国際経営論	4	2	◎	
	ビジネス・イングリッシュⅠ〔1〕	2	2	◎	
	ビジネス・イングリッシュⅠ〔2〕	2	2	◎	
演　習	基礎演習	4	2	◎	
	発展演習	4	3	◎	
	卒業演習	4	4	◎	
国際経営学	マーケティング論	4	2	○	選択必修A（○）は7科目28単位以上
	国際関係論	4	2	○	
	経営外国文献講読〔1〕	2	2	○	
	経営外国文献講読〔2〕	2	2	○	
	国際市場戦略論	4	3	○	
	国際ファイナンス論	2	3	○	
	リスク・マネジメント	4	3	○	
	ネゴシエーション論	4	3	○	
	異文化間コミュニケーション	4	3	○	
	国際法務	4	3	○	
	国際経営倫理	2	3	○	
	国際会計学	4	3	○	
	総合商社	2	3	○	
	ビジネス・イングリッシュⅡ〔1〕	2	3	○	
	ビジネス・イングリッシュⅡ〔2〕	2	3	○	
地域経済論	アメリカ経済論	4	2	○	
	ヨーロッパ経済論	4	2	○	
	アジア経済論	4	2	○	
	オーストラリア経済論	4	2	○	
	日本経済論	4	2	○	
経営学	経営史	4	1		選択必修A（○）選択B（空白）は合計48単位以上
	企業論	4	2		
	経営管理総論	4	2		
	経営工学	4	2		
	経営倫理学	4	2		

第Ⅱ部　会計教育の研究

分野	授業科目	単位数	配当年次	履修	備考
経営学	経営戦略論	4	3		
	経営組織論	4	3		
	労務管理論	4	3		
	ファイナンス論	4	3		
	流通経営論	4	3		
会計学	簿記概論	4	1		
	会計学原理	4	2		
	原価計算論	4	2		
	財務諸表論	4	3		
	管理会計論	4	3		
	経営分析論	4	3		
	監査論	4	3		
	税務会計論	4	3		
	会計情報システム論	4	3		
情報学	情報科学概論	4	1		
	経営統計学	4	2		
	経営数学	4	2		
	プログラミング論	4	2		
	プログラミング演習Ⅰ	2	3		
	プログラミング演習Ⅱ	2	3		
	オペレーションズ・リサーチ	4	3		
	意思決定論	4	3		
	経営情報論	4	3		
法学	憲法	4	1		
	民法Ⅰ	4	1		
	民法Ⅱ	4	2		
	日本近代法論	4	2		
	地方自治法・行政法	4	2		
	商法Ⅰ	4	2		
	商法Ⅱ	4	3		
	経済法	4	3		
	労働法	4	3		
	税法	4	3		
経済学	経済原論	4	1		
	経済史	4	1		
	経済政策	4	2		
	国際経済学	4	2		
	財政学	4	2		
総合科目	国際共同研修	4	2		
	企業研修	4	3		

第8章　国際ビジネス教育と会計教育

分　野	授　業　科　目	単位数	配当年次	履修	備　　考
統合科目	特殊講義〔1〕 特殊講義〔2〕 特殊講義〔3〕	4 4 4	3 3 3		

備考1．必修と指定された学科基礎分野及び演習分野の8科目28単位を指定年次に修得すること。
　　2．選択必修Aの国際経営学及び地域経済論の分野から7科目28単位以上を修得すること。
　　3．選択必修A及び選択Bは、国際経営学、地域経済論、経営学、会計学、情報学、法学、経済学、総合及び統合の分野を合わせて、48単位以上を修得すること。
　　4．必修、選択必修A及び選択Bを合わせて、76単位以上を修得すること。

第Ⅱ部　会計教育の研究

図表 8-9 ❷　F大学経営学部の選択必修科目（経営学科）

経営学科

必　　　修	◎	7科目28単位
選 択 必 修 A	☆	2科目4単位以上
選 択 必 修 B	○	3科目12単位以上
選　択　C	空白	選択必修A、選択必修B及び選択Cを合わせて60単位以上
卒業必要単位数		88単位以上

分　野	授　業　科　目	単位数	配当年次	コース別の履修				備　　考
				経営	会計	情報	法学	
学科基礎	経営学総論	4	1	◎	◎	◎	◎	必修（◎）は
	簿記概論	4	1	◎	◎	◎	◎	7科目28単位
	基礎情報処理	4	1	◎	◎	◎	◎	
	商法Ⅰ	4	2	◎	◎	◎	◎	
演　習	基礎演習	4	2	◎	◎	◎	◎	
	発展演習	4	3	◎	◎	◎	◎	
	卒業演習	4	4	◎	◎	◎	◎	
経営外国語	経営外国文献講読〔1〕	2	2	☆	☆	☆	☆	選択必修A（☆）
	経営外国文献講読〔2〕	2	2	☆	☆	☆	☆	はいずれか2科目
	ビジネス・イングリッシュⅠ〔1〕	2	2	☆	☆	☆	☆	4単位以上
	ビジネス・イングリッシュⅠ〔2〕	2	2	☆	☆	☆	☆	
	ビジネス・イングリッシュⅡ〔1〕	2	3					
	ビジネス・イングリッシュⅡ〔2〕	2	3					
経営学	経営史	4	1	○				経営コースの者は
	企業論	4	2	○				選択必修B（○）
	経営管理総論	4	2	○				から12単位以上
	経営工学	4	2	○				
	マーケティング論	4	2	○				他コースの者は、
	経営倫理学	4	2	○				選択C（空白）の
	国際経営論	4	2	○				卒業に必要な単位
	国際関係論	4	2	○				として認める。
	経営戦略論	4	3	○				
	経営組織論	4	3	○				
	労務管理論	4	3	○				
	ファイナンス論	4	3	○				
	異文化間コミュニケーション	4	3	○				
	リスク・マネジメント	4	3	○				
	総合商社	2	3	○				
	ネゴシエーション論	4	3	○				
	国際市場戦略論	4	3	○				
	国際ファイナンス論	2	3	○				
	国際経営倫理	2	3	○				
	流通経営論	4	3	○				

第8章 国際ビジネス教育と会計教育

分野	授業科目	単位数	配当年次	コース別の履修 経営	会計	情報	法学	備考
会計学	会計学原理	4	2		○			会計コースの者は選択必修B（○）から12単位以上 他コースの者は、選択C（空白）の卒業に必要な単位として認める。
	原価計算論	4	2		○			
	財務諸表論	4	3		○			
	管理会計論	4	3		○			
	経営分析論	4	3		○			
	監査論	4	3		○			
	税務会計論	4	3		○			
	会計情報システム論	4	3		○			
	国際会計学	4	3		○			
情報学	情報科学概論	4	1			○		情報コースの者は選択必修B（○）から12単位以上 他コースの者は、選択C（空白）の卒業に必要な単位として認める。
	経営統計学	4	2			○		
	経営数学	4	2			○		
	プログラミング論	4	2			○		
	プログラミング演習Ⅰ	2	3			○		
	プログラミング演習Ⅱ	2	3			○		
	オペレーションズ・リサーチ	4	3			○		
	意思決定論	4	3			○		
	経営情報論	4	3			○		
法学	憲法	4	1				○	法学コースの者は選択必修B（○）から12単位以上 他コースの者は、選択C（空白）の卒業に必要な単位として認める。
	民法Ⅰ	4	1				○	
	民法Ⅱ	4	2				○	
	日本近代法論	4	2				○	
	地方自治法・行政法	4	2				○	
	商法Ⅱ	4	3				○	
	経済法	4	3				○	
	労働法	4	3				○	
	国際法務	4	3				○	
	税法	4	3				○	
経済学	経済原論	4	1					各コースとも、選択必修A（☆）選択必修B（○）及び選択C（空白）は合計60単位以上
	経済史	4	1					
	経済政策	4	2					
	国際経済学	4	2					
	財政学	4	2					
総合科目	国際共同研修	4	2					
	企業研修	4	3					
統合科目	特殊講義〔1〕	4	3					
	特殊講義〔2〕	4	3					
	特殊講義〔3〕	4	3					

備考1．第2年次から、経営、会計、情報又は法学のうちいずれか1つのコースに所属すること。

第Ⅱ部　会計教育の研究

2. 必修と指定された学科基礎及び演習分野の7科目28単位を指定年次に修得すること。
3. 選択必修Aの経営外国語分野は、ビジネス・イングリッシュⅠ〔1〕、ビジネス・イングリッシュⅠ〔2〕、又は経営外国文献講読〔1〕、経営外国文献講読〔2〕のいずれか2科目4単位を第2年次に修得すること。
4. 選択必修Bは、所属コース指定の分野（経営・会計・情報・法学のいずれか1つ）から、12単位以上を修得すること。
5. 各コースとも選択必修A、選択必修B及び選択Cは、経営外国語、経営学、会計学、情報学、法学、経済学、総合及び統合の分野を合わせて、60単位以上を修得すること。
6. 必修、選択必修A、選択必修B及び選択Cを合わせて、88単位以上を修得すること。

第8章　国際ビジネス教育と会計教育

図表 8-10 ①　G大学経営学部の専門部門（国際経営学科）

専門部門（経営学部　国際経営学科）

区分		授業科目	単位	学期	配当学年	開講学年		
						必修科目	選択必修	自由科目
専門部門	専門基礎部門	基本簿記	4	前	1～4	4単位	8単位	全部門（総合基礎部門・専門部門）及び他学科・他学部履修を含む16単位（イブニング履修者は24単位）（再掲）
		会計学総論	4	後	1～4			
		経営学総論	4	通	1～4			
		現代経済論	4	通	1～4			
	国際経済・経営学部門	国際経営論	2	前	2～4		16単位	
		国際経営戦略論	2	後	2～4			
		国際金融論	2	前	2～4			
		国際金融機関論	2	後	2～4			
		国際比較経営史	2	前	2～4			
		国際交通論	2	後	2～4			
		国際経済論Ⅰ	2	前	2～4			
		国際経済論Ⅱ	2	後	2～4			
		アメリカ経済論	2	前	2～4			
		ＥＵ経済論	2	前	2～4			
		中国経済論	2	前	2～4			
		アジア経済論	2	後	2～4			
		開発経済論	2	前	2～4			
		㈱グローバル企業論	2	後	2～4			
	国際地域部門	現代海外事情Ⅰ	2	前	2～4		8単位	
		現代海外事情Ⅱ	2	後	2～4			
		現代海外事情Ⅲ	2	前	2～4			
		アジア現代史	2	前	2～4			
		ヨーロッパ現代史	2	後	2～4			
		国際関係論	2	前	2～4			
		海外ＮＧＯ論	2	後	2～4			
		国際地域文化研究Ⅰ	2	前	2～4			
		国際地域文化研究Ⅱ	2	後	2～4			
		国際地域文化研究Ⅲ	2	前	2～4			
		国際コミュニケーション論	2	後	2～4			
	会計学部門	応用簿記	2	前	2～4		6単位	
		英文会計	2	後	2～4			
		工業簿記	2	前	2～4			
		財務会計論	4	通	2～4			
		国際会計論	2	前	3・4			
		連結会計論	2	後	3・4			
		経営分析論	2	前	3・4			
		会計監査論	2	後	3・4			
		税務会計論	2	前	3・4			
		㈱上級簿記	4	通	1～4			

131

第Ⅱ部 会計教育の研究

区分		授業科目	単位	学期	配当学年	開講学年 必修科目	開講学年 選択必修	開講学年 自由科目
専門部門	経営学部門	経営組織論	2	前	2～4		4単位	
		経営戦略論	2	後	3・4			
		財務管理論Ⅰ	2	前	3・4			
		財務管理論Ⅱ	2	後	3・4			
		生産管理論	2	前	3・4			
		産業技術論	2	後	3・4			
		マーケティング論	2	前	3・4			
		㈱民法入門Ⅰ	2	前	2～4			
		㈱民法入門Ⅱ	2	後	2～4			
		㈱商法入門Ⅰ	2	前	2～4			
		㈱商法入門Ⅱ	2	後	2～4			
	経済学部門	ミクロ経済学Ⅰ	2	前	2～4		8単位	
		ミクロ経済学Ⅱ	2	後	2～4			
		現代産業組織論	2	前	2～4			
		情報産業組織論	2	後	2～4			
		統計学Ⅰ	2	前	1～4			
		統計学Ⅱ	2	後	1～4			
	情報実習部門	情報リテラシーⅠ	2	前	1～4		8単位	
		情報リテラシーⅡ	2	後	1～4			
		情報処理Ⅰ	2	前	2～4			
		情報処理Ⅱ	2	後	2～4			
		経済データ実習	2	前	2～4			
		経営データ実習	2	後	2～4			
		経営シュミレーションⅠ	2	前	3・4			
		経営シュミレーションⅡ	2	後	3・4			
	ゼミナール・実習部門	基礎ゼミナール	4	通	1	8単位		8単位
		専門ゼミナールⅠ	4	通	2			
		専門ゼミナールⅡ	4	通	3			
		専門ゼミナールⅢ	4	通	4			
		外国書講読ゼミナール英語Ⅰ	2	前	2～4			
		外国書講読ゼミナール英語Ⅱ	2	後	2～4			
		ビジネス英語Ⅰ	2	前	1～4			
		ビジネス英語Ⅱ	2	後	1～4			
		海外語学実習	2	前	1～4			
		海外フィールド実習	2	前	1～4			
		㈱海外フィールド演習	2	前	1～4			
		国際フィールドワーク	2	前	2～4			
		企業実務実習	2	集	2～4			
		特殊講義	2		1～4			
合計			124単位			10	82	16	16
			（イブニング履修者）			10	82	8	24

第 8 章　国際ビジネス教育と会計教育

図表 8-10 ❷　G 大学経営学部の専門部門（経営学部）

専門部門（経営学部　経営学科）

区分		授業科目	単位	学期	配当学年	開講学年			
						必修科目	選択必修	自由科目	
専門部門	専門基礎部門	基本簿記	4	前	1〜4	4単位		全部門（総合基礎部門・専門部門）及び他学科・他学部履修を含む 22単位（イブニング履修者は 38単位）（再掲）	
		会計学総論	4	後	1〜4		8単位		
		経営学総論	4	通	1〜4				
		現代経済論	4	通	1〜4				
	企業・管理理論部門	組織と人間	2	前	2〜4		経営学コース 24 単位 / 会計学コース 12 単位		
		労働と人間	2	後	2〜4				
		現代企業史	2	前	2〜4				
		企業形態論	2	後	2〜4				
		現代企業論	2	後	2〜4				
		中小企業政策論	2	後	3・4				
		中小企業論	2	前	3・4				
		経営戦略論	2	後	3・4				
		経営管理史	2	前	2〜4				
		現代経営管理論	2	後	2〜4				
		労務管理史	2	前	3・4				
		労務管理論	2	後	3・4				
		生産管理論	2	前	3・4				
		産業技術論	2	後	3・4				
		財務管理論 I	2	前	3・4				
		財務管理論 II	2	後	3・4				
		マーケティング論	2	前	3・4				
		広告論	2	後	3・4				
		消費者行動論	2	前	3・4				
		商業経営学	2	後	3・4				
		経営組織論	2	前	2〜4				
		経営組織と情報革命	2	前	3・4				
		ネットワーク組織論	2	後	3・4				
		物流論	2	後	3・4				
		産業集積論	2	前	2〜4				
		健康管理論	2	後	3・4				
		環境監査論	2	前	3・4				
		地域環境政策論	2	後	3・4				
		㈲民法入門 I	2	前	2〜4				
		㈲民法入門 II	2	後	2〜4				
		㈲商法入門 I	2	前	2〜4				
		㈲商法入門 II	2	後	2〜4				
	会計部門	応用簿記	2	前	3・4				
		工業簿記	2	前	3・4				
		財務会計論	4	通	3・4				
		原価計算論	2	後	3・4				

第Ⅱ部　会計教育の研究

区分		授業科目	単位	学期	配当学年	開講学年		
						必修科目	選択必修	自由科目
専門部門	会計部門	原　価　管　理　論	2	前	3・4		会計学コース 24単位／経済学コース 12単位	
		管　理　会　計　論	4	通	3・4			
		会　計　監　査　論	2	前	3・4			
		監　査　制　度　論	2	後	3・4			
		税　務　会　計　論	2	前	3・4			
		連　結　会　計　論	2	後	3・4			
		経　営　分　析　論	2	前	3・4			
		キャッシュフロー会計	2	後	3・4			
		情　報　会　計　論	2	後	3・4			
		国　際　会　計　論	2	前	3・4			
		㈱上　級　簿　記	4	通	1～4			
	情報部門	情報リテラシーⅠ	2	前	1～4		8単位	
		情報リテラシーⅡ	2	後	1～4			
		情　報　処　理　Ⅰ	2	前	2～4			
		情　報　処　理　Ⅱ	2	後	2～4			
		経営シュミレーションⅠ	2	前	3・4			
		経営シュミレーションⅡ	2	後	3・4			
		システム設計Ⅰ	2	前	3・4			
		システム設計Ⅱ	2	後	3・4			
		経済データ実習Ⅰ	2	前	3・4			
		経済データ実習Ⅱ	2	後	3・4			
		経　営　科　学　Ⅰ	2	前	3・4			
		経　営　科　学　Ⅱ	2	後	3・4			
	ゼミナール・実習部門	基礎ゼミナール	4	通	1		8単位	
		専門ゼミナールⅠ	4	通	2			
		専門ゼミナールⅡ	4	通	3			
		専門ゼミナールⅢ	4	通	4			
		外国書講読ゼミナール英語Ⅰ	2	前	2～4			
		外国書講読ゼミナール英語Ⅱ	2	後	2～4			
		ビジネス英語Ⅰ	2	前	2～4			
		ビジネス英語Ⅱ	2	後	2～4			
		企業実務実習	2	集	2～4			
		海外語学実習	2	前	2～4			
		国際フィールドワーク	2	前	2～4			
		㈱海外フィールド実習	2	前	1～4			
		㈱海外フィールド演習	2	前	1～4			
		特　殊　講　義	2		1～4			
コース副専攻		国際経営コース			1～4		1コースのみ選択（イブニング履修者は除く）16単位	
		地域・環境コース			1～4			
		グローバルファイナンスコース			1～4			
		合　計　124単位				10	76	16	22

第8章　国際ビジネス教育と会計教育

経営学部　経営学科用　副専攻コース一覧

		授業科目	単位	学期	配当学年	所要単位
国際経営コース	国際経済・経営学部門	国際経営論	2	前	2〜4	12単位
		国際経営戦略論	2	前	2〜4	
		国際金融論	2	前	2〜4	
		国際金融機関論	2	後	2〜4	
		国際比較経営史	2	前	2〜4	
		国際交通論	2	後	2〜4	
		国際経済論Ⅰ	2	前	2〜4	
		国際経済論Ⅱ	2	後	2〜4	
		アメリカ経済論	2	前	2〜4	
		ＥＵ経済論	2	後	2〜4	
		中国経済論	2	前	2〜4	
		アジア経済論	2	後	2〜4	
		開発経済論	2	前	2〜4	
		㈱グローバル企業論	2	後	2〜4	
	国際地域部門	現代海外事情Ⅰ	2	前	2〜4	4単位
		現代海外事情Ⅱ	2	前	2〜4	
		現代海外事情Ⅲ	2	前	2〜4	
		アジア現代史	2	前	2〜4	
		ヨーロッパ現代史	2	後	2〜4	
		国際関係論	2	前	2〜4	
		海外ＮＧＯ論	2	後	2〜4	
		国際地域文化研究Ⅰ	2	前	2〜4	
		国際地域文化研究Ⅱ	2	後	2〜4	
		国際地域文化研究Ⅲ	2	前	2〜4	
		国際コミュニケーション論	2	後	2〜4	
地域・環境コース		環境経済論Ⅰ	2	前	3・4	16単位
		環境経済論Ⅱ	2	後	3・4	
		地球環境政策論	2	後	2〜4	
		地域経済論	2	前	2〜4	
		地域計画論	2	後	2〜4	
		社会資本論	2	前	3・4	
		経済地理学	2	前	3・4	
		途上国と日本の人口問題	2	後	3・4	
		障害者と社会	2	前	3・4	
		日本文化社会論	2	前	3・4	
		社会保障論	2	前	3・4	
		地域福祉論	2	後	3・4	
		公共経済学	2	前	3・4	
		㈱ワークショップ環境監査	2	後	2〜4	
		㈱日本の人口と少子化問題	2	前	3・4	
		㈱日本の人口と高齢化問題	2	後	3・4	

計16単位

第Ⅱ部　会計教育の研究

	授業科目	単位	学期	配当学年	所要単位
グローバル・ファイナンスコース	金融論	2	前	2〜4	16単位
	金融政策論	2	後	2〜4	
	国際金融論	2	前	3・4	
	国際通貨論	2	後	3・4	
	証券市場論	2	前	3・4	
	企業金融論	2	後	3・4	
	国際金融機関論	2	前	3・4	
	国際経済政策論Ⅰ	2	前	3・4	
	国際経済政策論Ⅱ	2	後	3・4	
	国際経済論Ⅰ	2	前	2〜4	
	国際経済論Ⅱ	2	後	2〜4	
	多国籍企業論	2	前	3・4	
	開発経済論	2	後	3・4	
	アジア経済論	2	前	3・4	
	アメリカ経済論	2	後	3・4	
	ＥＵ経済論	2	前	3・4	
	㈱現代日本の公的金融	4	通	3・4	

第 8 章　国際ビジネス教育と会計教育

したがって，経営学科の学生は，国際経営学科固有の科目をほとんど履修できる。

経営学科は，企業・管理論部門に経営学・商学・法学の 32 科目を設け，うち 21 科目が学科固有科目である。この部門から経営学コースの学生は，24 単位，会計学コースは 12 単位修得する。

一方，国際経営学科は，学科固有として国際経済・経営学部門 14 科目から 16 単位，国際地域部門 11 科目から 8 単位を修得しなければならない。これら 25 科目のうちの 13 科目のように，国際○○論という名称が多く開設されており，グローバルな視点に立った国際性の高い特徴的な科目が充実している。経営学科の企業・管理部門に 1 科目も国際○○論という科目が開設されていないのと対照的である。こういう差別化の方法は実に明解である。

経営学科の会計部門（会計学コースは，24 単位，経営学コースは，12 単位取得）15 科目のうち，学科固有科目は，原価計算論，原価管理論，管理会計論，監査制度論，キャッシュフロー会計，情報会計論の 6 科目である。

一方，国際経営学科の会計学部門では，英文会計だけが学科固有である。

経営学科の情報部門 12 科目のうち，システム設計Ⅰ・Ⅱと経営科学Ⅰ・Ⅱが，学科固有であり，国際経営学科の情報実習部門 8 科目は，全て経営学科で開設している。

両学科共ゼミナール・実習部門 13 科目のうち 8 単位を履修する点は，同じである。

国際経営学科が，経済学部門に 6 科目を設け，現代産業組織論，情報産業組織論，統計学Ⅰ・Ⅱが，学科固有のものである。

次に 13 大学のうち商学部内に国際商学科と経営学科を設けている K 大学商学部の場合をみていこう。

③　K 大学商学部の場合

図表 8-11 ①②からわかるように，国際商学科と経営学科は，ともに基幹科目 A 群～E 群と関連科目 F 群とで 80 単位以上修得しなければならない。国際商学科の学生は，A 群 9 科目から 12 単位以上，経営学科の学生は，A 群 10 科

第Ⅱ部　会計教育の研究

図表8-11 １　K大学商学部の授業科目（国際商学科）

(1) 国際商学科授業科目

科目分類		授業科目	単位数
基幹科目	A群	国際商学入門	2
		商学入門	2
		情報処理入門	2
		簿記原理Ⅰ	2
		簿記原理Ⅱ	2
		経済原論Ⅰ	2
		経済原論Ⅱ	2
		経済原論Ⅲ	2
		経済原論Ⅳ	2
	B群	国際貿易論Ⅰ	2
		国際貿易論Ⅱ	2
		国際経済学論Ⅰ	2
		国際経済学論Ⅱ	2
		国際為替論Ⅰ	2
		国際為替論Ⅱ	2
		外国商務論Ⅰ	2
		外国商務論Ⅱ	2
		貿易商務論Ⅰ	2
		貿易商務論Ⅱ	2
		日本経済論Ⅰ	2
		日本経済論Ⅱ	2
		ビジネス英語Ⅰ	2
		ビジネス英語Ⅱ	2
		多国籍企業論Ⅰ	2
		多国籍企業論Ⅱ	2
		国際経営論Ⅰ	2
		国際経営論Ⅱ	2
		国際経済論Ⅰ	2
		国際政治経済論Ⅰ	2
		国際政治経済論Ⅱ	2
		国際開発論	2
		経済史Ⅰ	2
		日本経済史	2
		日本経済論Ⅰ	2
		地域経済論Ⅰ	2
		地域経済論Ⅱ	2
		地域産業論Ⅰ	2
		地域産業論Ⅱ	2
		B群特殊講義	2
	C群	商業論Ⅰ	2
		商業論Ⅱ	2
		マーケティング論Ⅰ	2
		マーケティング論Ⅱ	2
		流通論Ⅰ	2
		流通論Ⅱ	2
		交通論Ⅰ	2
		交通論Ⅱ	2
		保険論	2
		銀行論	2
		金融論	2
		経営財務論Ⅰ	2
		経営財務論Ⅱ	2
		時事英語Ⅰ	2

科目分類		授業科目	単位数
基幹科目	C群	時事英語Ⅱ	2
		広告論Ⅰ	2
		広告論Ⅱ	2
		マーケティング・リサーチⅠ	2
		マーケティング・リサーチⅡ	2
		都市論Ⅰ	2
		都市論Ⅱ	2
		生活保障論	2
		証券市場論Ⅰ	2
		証券市場論Ⅱ	2
		財政学Ⅰ	2
		財政学Ⅱ	2
		アジアの金融Ⅰ	2
		アジアの金融Ⅱ	2
		C群特殊講義	2
	D群	経営総論Ⅰ	2
		経営総論Ⅱ	2
		経営管理論Ⅰ	2
		経営管理論Ⅱ	2
		経営形態論Ⅰ	2
		経営形態論Ⅱ	2
		企業情報論Ⅰ	2
		企業情報論Ⅱ	2
		経営情報論Ⅰ	2
		経営情報論Ⅱ	2
		会計学基礎論Ⅰ	2
		会計学基礎論Ⅱ	2
		経営分析論Ⅰ	2
		経営分析論Ⅱ	2
		中小企業論Ⅰ	2
		中小企業論Ⅱ	2
		財務会計論Ⅰ	2
		財務会計論Ⅱ	2
		基礎ゼミナールⅠ	4
		基礎ゼミナールⅡ	4
		ゼミナールⅠ	4
		ゼミナールⅡ	4
		外書講読	4
		卒業論文	4
	E群	職業指導Ⅰ	2
		職業指導Ⅱ	2
関連科目	F群	商学特論AⅠ	4
		商学特論AⅡ	4
		商学特論AⅢ	2
		商学特論BⅠ	4
		商学特論BⅡ	4
		商学特論BⅢ	2
		商憲法Ⅰ	2
		商憲法Ⅱ	2
		民法Ⅰ	2
		民法Ⅱ	2
		商法Ⅰ	2
		商法Ⅱ	2

第8章　国際ビジネス教育と会計教育

図表8-11 ❷　K大学商学部の授業科目（経営学科）

（2）経営学科授業科目

科目分類		授業科目	単位数
基幹科目	A群	論門I 論門II 総論入門 総合経営処理 学習総合理論 経営学原理I 経営学原理II 経営学原理III 経営学原理IV 現代経営 情報処理 簿記原理 経済原論 経済原論	2 2 2 2 2 2 2 2 2 2 2 2 2 2
	B群	論理I 論理II 理論形態史 形態論 経営史 経営財務論I 経営財務論II 経営労務論 経営情報論 経営情報基礎 経営学算実 経営会計 原価計算 企業分析 企業分B 経営情報特殊講義	2 2 2 2 2 2 2 2 2 2 2 2 2 2 2 2
科目	C群	学I 学II 学III 計算論I 計算論II 学会経営論 統計社会経営論 経済社経企業戦略 経済経企業戦略ゲーム 経済工業中小経営 経済工業中小経営ビジネス 経営ビジネスシミュレーション 国際経営論 国際経営論 国籍多国管理論 多国生産経営 多生産経財会計 経財会税	2 2 2 2 2 2 2 2 2 2 2 2 2 2 2 2 2 2

科目分類		授業科目	単位数
基幹科目	C群	論I 論II 会計論I 会計計論II 税務会計簿 管理会計 理会計 工業簿記 工業コンピュータ会計 コンピュータ会計 コンピュータC群特殊講義	2 2 2 2 2 2 2 2 2 2 2
	D群	論I 論II 論III 論III 国際貿易論I 国際貿易論II 為替為商経済 易経済論 外国貿易論 外国貿易論 日本マーケティング マーケティング論 交通論 交通論 保険論 金融論 銀行論 情報システム論 情報システム システム産業論 地域産業学 地流通政策 流通政策 財政学 証券市場 証券市場	2 2 2 2 2 2 2 2 2 2 2 2 2 2 2 2 2 2 2 2 2 2 2 2
	E群	語学I 語学II 語学III 語学IV 英語読解ゼミI 英語読解ゼミII 英会話 英書講読 スピーチ ゼミナール ジュニアゼミ ジュニアゼミ 事業ゼミ 事業ゼミ 時事ビジネス 時事ビジネス 外国基礎ゼミ 外卒業	2 2 2 2 2 2 2 2 2 2 4 4 2 2 4 4
関連科目		導I 導II 指導III 論I A 論I B 論II A 論II B 論III A 論III B 学経営論I 学経営論II 学経営論III 職業経営 職業経営 憲法 憲法 民法 民法 商法 商法	2 2 2 4 4 4 4 2 2 2 2 2 2 2 2 2 2 2 2 2

目から10単位以上修得。国際商学科固有の科目は，国際商学入門と商学入門。経営学科固有の科目は，経営学総論Ⅰ・Ⅱと現代企業入門である。国際商学科においては，B群27科目から国際ビジネスコースの学生は，20単位以上，流通マーケティングコースの学生は，12単位以上修得しなければならない。学科固有の科目は，国際経済学Ⅰ・Ⅱ，多国籍企業論，国際政治経済論Ⅰ・Ⅱ，国際開発論，日本経済史Ⅰ・Ⅱ，地域経済論Ⅰ・Ⅱの12科目である。いずれも国際性の高いグローバルな科目ばかりである。

経営学科の学生は，B群22科目から20単位以上修得。学科特有の科目は，経営史Ⅰ・Ⅱ，経営労務論Ⅰ・Ⅱ，原価計算論Ⅰ・Ⅱ，企業簿記実務Ⅰ・Ⅱ，情報処理の9科目である。

国際経営学科の学生は，C群30科目から20単位以上修得。学科固有科目は，商学科目が多い。たとえば，商業論Ⅰ・Ⅱ，広告論Ⅰ・Ⅱ，マーケティング・リサーチⅠ・Ⅱ，都市論Ⅰ・Ⅱ，生活保障論，アジアの金融Ⅰ・Ⅱの11科目である。

一方，経営学科の学生は，C群34科目から20単位以上修得。学科固有科目は，経営統計学Ⅰ・Ⅱ，経営社会学Ⅰ・Ⅱ，工業経営論Ⅰ・Ⅱ，経営戦略論Ⅰ・Ⅱ，ビジネスゲームⅠ・Ⅱ，経営シミュレーション，経営学説史Ⅰ・Ⅱ，会計監査論Ⅰ・Ⅱ，税務会計論Ⅰ・Ⅱ，簿記会計論Ⅰ・Ⅱ，工業簿記Ⅰ・Ⅱ，コンピュータ会計Ⅰ・Ⅱの23科目。D群は，国際経営学科の学生が，16科目から8単位以上修得。

経営学科の学生は，26科目から8単位以上修得。後者D群の中に国際経営学科の科目が，全て開設されており，情報システム論Ⅰ・Ⅱだけが，経営学科固有のものである。

国際経営学科の学生は，関連科目F群12科目から8単位以上修得。商学特論ⅠAB・ⅡAB・ⅢABの6科目が固有のもの。

経営学科の学生は，関連科目群12科目から8単位以上修得。経営学特論ⅠA・ⅠB，ⅡA・ⅡB，ⅢA・ⅢBの6科目が，固有のものである。

第8章　国際ビジネス教育と会計教育

4　九州国際大学国際商学部国際ビジネス学科の教育課程の考え方・特色について

(1) 国際ビジネスのコンセプトについて

　これまで述べてきた国際ビジネス系カリキュラムの一般的特色を理解したうえで，本務校である九州国際大学国際商学部国際ビジネス学科のカリキュラム改善案を提言したい。これは，2001年2月14日および同年7月17日に国際ビジネス学科会議において提案した内容に若干追加・修正をしたものである。

　当学科は，2000年4月からそれまでの国際商学科の名称変更をして始まった。と同時に，アジア共生学科が新設された。

　私は，この学科改組の対文部省申請（現文部科学省）ワーキンググループの一員であったが，カリキュラムに関して当時いろいろな提案を出したものの，なかなかとりあげてもらえなかった経緯とその後の実態の変化とがあり，提案の大半が未実現のままであった。そこで，自主的に国際商学部内のカリキュラム検討委員6人（国際ビジネス学科3名，アジア共生学科3名）の1人にも自らなり，いつかは理解してもらえることを信じて，こうして残した課題を根気強く貫徹すべく，建設的提言を行う努力をし続けている次第である。

　ところで，国際ビジネス（international business）研究は，「アメリカにおいて1960年代の初めから盛んになり，学問分野としてもそのアイデンティティが確立され」て，今日「実務面を通して経済界からも重要視されるようになった」[5]といわれている。そして，国際ビジネスのコンセプトは，アメリカAACSB（American Assembly of Collegiate School of Business）メンバーの大学694校に対する調査結果[6]にみられるように，決して国際経営の意味に限定せずに，国際的な経営学，会計学，商学はもとより，世界的規模で活躍するような国際ビジネスマンやスペシャリストの養成のために必要な知識，能力，スキルに該当する科目を指していると思われる。

　一般的に言えば，国際ビジネスのコンセプトは，社会科学としての経済学，経営学，商学，会計学を核として，これらに関係の深いより重要な学問分野を

第Ⅱ部　会計教育の研究

なす地域研究，地域言語，文化人類学，法学，政治学，社会心理学，地理学，歴史学，比較文学等も包含するほど国際ビジネスに含まれる領域は広範囲で多岐にわたっている[7]。実際に日本の大学での国際ビジネス系学科の多くは，図表8-1の13大学に対するカリキュラム調査結果からわかるとおり，旧設置基準にいう経営学科，商学科の核となる経営学，商学，会計学に国際学科目（語学，地域研究，国際関係科目）を付加して国際経営学科とか国際ビジネス学科と呼ぶ形態がほとんどである。これこそが日本型国際ビジネス・カリキュラムの典型といえるであろう。

次に，国際ビジネス学科のアイデンティティと学科教育理念（目標）や教育方法を現実に具現化したものが，次の教育課程の考え方，特色になる。

次の①〜⑧の内容は，国際商学科を国際ビジネス学科に名称変更するための文部省（現文部科学省）に対する学則変更認可申請書類[8]に書かれた文章の要約の一部である。

(2) 本学国際ビジネス学科の特色について

① 一貫した双方向的な少人数教育

1年次より進路別・系統別の履修3コース（流通系，会計情報系，経営・経済系）による実学教育および一貫した双方向な少人数教育（国際ビジネス入門演習Ⅰ→国際ビジネス入門演習Ⅱ→専門演習Ⅰ→専門演習Ⅱ→卒業演習）による教員の責任体制の確立と国際ビジネス教育の充実に重点を置き，各分野で活躍できる多彩な人材の養成に主眼を置いている（図表8-12 ① ② ③ 参照）。

② 情報関連検定，簿記検定，商業英検，高等学校教諭一種（商業）免許等の資格取得に対する配慮

基本科目群と専門科目群とにより，授業をとおして，日本語ワープロ検定3級〜1級，情報処理Ⅱ種，日商簿記検定3級〜1級，商業英検A〜D等の資格取得ができるように学生のニーズに対して配慮している。さらに，各種国家試験レベルを狙うなら，文化交流センターでのエクステンション講座を格安で活用できる（図表8-12 ② 参照）。

リクルート社の調査[9]のとおり，「資格取得につながる課外の講座が充実

第8章　国際ビジネス教育と会計教育

図表 8-12 ①　国際ビジネス学科の学習歴

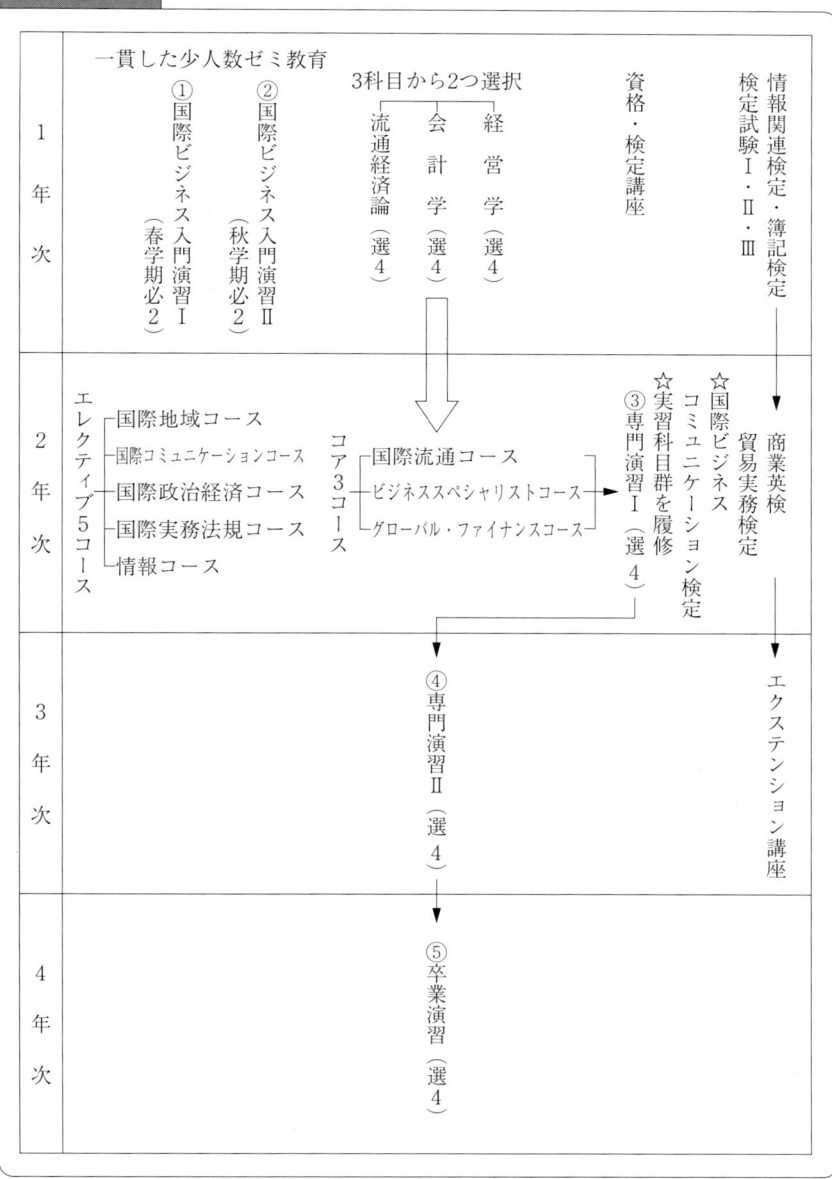

1年次	一貫した少人数ゼミ教育 ① 国際ビジネス入門演習Ⅰ（春学期必2） ② 国際ビジネス入門演習Ⅱ（秋学期必2）	3科目から2つ選択 流通経済論（選4）／会計学（選4）／経営学（選4）	資格・検定講座	情報関連検定・簿記検定 検定試験Ⅰ・Ⅱ・Ⅲ ↓ 商業英検 貿易実務検定 ☆国際ビジネスコミュニケーション検定
2年次	エレクティブ5コース ─ 国際地域コース ─ 国際コミュニケーションコース ─ 国際政治経済コース ─ 国際実務法規コース ─ 情報コース	コア3コース ─ 国際流通コース ─ ビジネススペシャリストコース ─ グローバル・ファイナンスコース	☆国際ビジネスコミュニケーション検定 ☆実習科目群を履修 ③ 専門演習Ⅰ（選4）	↓ エクステンション講座
3年次			④ 専門演習Ⅱ（選4）	
4年次			⑤ 卒業演習（選4）	

143

第Ⅱ部　会計教育の研究

図表 8-12 ❷　国際ビジネス学科　進路別履修モデルコース図

出所：九州国際大学国際商学部
　　　『フレッシャーズ・マニュアル A to Z 2001年度版』17頁

流通関連の進路をめざす	資格関連の進路をめざす	国際関連の進路をめざす
貿　易　商　社	情報・通信業界	金　融　業　界
流　　通　　業	会　計　専　門　職	航空・運輸業界
製　　造　　業	国家・地方公務員	観光・旅行業界
販　　売　　業	ベンチャービジネス	外　資　系　企　業
各種サービス業	各種サービス業	各種法人国際部門

四年次

卒業演習

二・三年次

専門演習

海外語学実習・海外社会実習・国内社会実習

国際流通コース
【主な専門科目】
商業史
国際農業経済論
国際マーケティング論
貿易論
【めざす資格】
販売士検定
ビジネス能力検定
商業英検・TOEIC
貿易実務検定
　　　　　　　他

ビジネススペシャリストコース
【主な専門科目】
会計情報システム論
財務会計論
経営財務論
上級簿記
【めざす資格】
情報関連検定
中小企業診断士
税理士・公認会計士
簿記検定
　　　　　　　他

グローバルファイナンスコース
【主な専門科目】
保険論
国際経済論
国際金融論
証券論
【めざす資格】
ファイナンシャル
　・プランナー
証券アナリスト
　　　　　　　他

一年次

進路別3コースへ

3科目より2科目選択
流通経済論　　会計学　　経営学

国際ビジネス入門Ⅰ・Ⅱ（必修）

共通科目・基本科目等を選択履修

144

第 8 章 国際ビジネス教育と会計教育

図表 8-12 ❸ 国際ビジネス学科作成広告用パンフレット（2001 年 8 月完成の修正版）

第Ⅱ部　会計教育の研究

第 8 章　国際ビジネス教育と会計教育

4年一貫の少人数教育
- きめ細かい教育、学生指導と教員の責任体制の確立
- 国際的な文化を理解し、交渉力のある人材養成
- 創造性、行動力、組織能力に富む優秀な人材の輩出を目指す

全国トップクラスの情報教育環境
〔九州1位／全国11位〕
〔九州2位／全国18位〕
（リクルート社調べ）
- 自由にパソコンを使うためのサービスが揃っている大学
- 最新のコンピューター設備が充実している大学

高度の資格はエクステンション講座でも
資格取得につながる授業が充実している大学〔九州2位／全国14位〕
（リクルート社調べ）

国際流通コース
●目指す資格●
販売士検定　ビジネス能力検定　商業英検
TOEIC　TOEFL　貿易実務検定　他

ビジネススペシャリストコース
●目指す資格●
情報関連検定　中小企業診断士
税理士　公認会計士　簿記検定　他

グローバルファイナンスコース
●目指す資格●
ファイナンシャルプランナー
証券アナリスト　他

進路別3コースへ
- 国内外で実際に体験できる語学実習・企業研修
- 国際ビジネスの基礎から応用へと実学から専門性の高い科目まで学べる体系的履修プログラム

Kyushu International University

147

している大学」では，九州2位（全国14位）といわれるゆえんである。
③　進路別・系統別履修による実学教育

流通系，会計情報系，経営・経済系の進路別履修モデルによって1年次より主体的・計画的な履修メニューの作成が可能である。また，上記3コース各分野の主要科目を総論（基礎）から各論（応用）へと発展的に配置することにより，系統的に履修することができる（図表8-13 ① ② ③）。

④　商学諸分野（流通，会計，経営）の教員と科目のバランスの取れた適切な再編成

アジアの地域研究と地域言語を修得させながら，国際ビジネス教育を重視する。そのために，社会的要請の強い会計,情報,流通,経営関連諸科目のバランスの取れた適切な再編成を行い，今日的な教育状況に応えようとしている。

⑤　情報教育関連科目の拡充・整備と新校舎でのさらなる情報教育の充実

国際化，グローバル化と表裏一体の関係にある情報教育関連科目として「コンピュータ・ネットワーク論Ⅰ・Ⅱ」「会計情報システム論Ⅰ・Ⅱ」などを拡充，整備している。

1999年4月1日，校舎が二地区に分かれていた本学は，平野地区への移転・統合に伴って情報教育に対応するネットワーク環境は，質・量ともに充実した。マルチメディア・AV教室だけでなく，各教室でも教育・情報機器をいつでも自由に利用できるシステム・カフェが，設けられている。最新の技術を駆使した本学のネットワークシステムを利用するために，在学生全員にパソコン・インターネットメールやグループウエア利用のユーザーIDを与え，授業科目の開設のみならず，「九州国際大学教育情報ネットワークセンター」による利用ガイドの配布等により一層情報処理能力の育成に力を注いでいる。

リクルート社の調査[10]のとおり，「自由にパソコンを使うためのサービスが整っている大学」では，九州1位（全国11位），「最新のコンピュータ整備が充実している大学」では，九州2位（全国18位），「インターネットなど情報ネットワーク環境が整っている大学」では，九州2位（全国18位）といわれるゆえんである。

第8章　国際ビジネス教育と会計教育

図表 8-13 ❶　進路別履修モデル（昼間主コース・夜間主コース共通）

科目名は，図表7-14のカリキュラム改善案にもとづく。
①国際流通コース
卒業後の進路例：貿易商社，流通業，製造・販売業，各種サービス業

	幅広い知識	専門知識	もう1つの知識	履修単位
一年次	文化人類学Ⅰ　② 文化人類学Ⅱ　② 経済社会のしくみⅠ　② 経済社会のしくみⅡ　② 統計をつくるための情報学Ⅰ　② 統計をつくるための情報学Ⅱ　② 数学とコンピュータⅠ　② 数学とコンピュータⅡ　②	流通経済論Ⅰ　② 流通経済論Ⅱ　② 経営学Ⅰ　② 経営学Ⅱ　② アジア概論Ⅰ　② アジア概論Ⅱ　② 国際ビジネス入門演習Ⅰ　② 国際ビジネス入門演習Ⅱ　②	中国語A　② 中国語B　② 中国語C　② 中国語D　②	40単位
二年次	地域と環境Ⅰ　② 地域と環境Ⅱ　② 都市アメニティⅠ　② 都市アメニティⅡ　②	国際ビジネスコミュニケーションⅠ　② 国際ビジネスコミュニケーションⅡ　② 情報処理Ⅰ　② 情報処理Ⅱ　② マーケティング論Ⅰ　② マーケティング論Ⅱ　② 金融論Ⅰ　② 金融論Ⅱ　② 簿記原理Ⅰ　② 簿記原理Ⅱ　② 国内社会実習　② 専門演習Ⅰ　④	中国の政治経済Ⅰ　② 中国の政治経済Ⅱ　②	38単位
三年次		保険論Ⅰ　② 保険論Ⅱ　② 国際マーケティング論Ⅰ　② 国際マーケティング論Ⅱ　② 国際交通論Ⅰ　② 国際交通論Ⅱ　② 国際貿易論Ⅰ　② 国際貿易論Ⅱ　② 会計情報システム論Ⅰ　② 会計情報システム論Ⅱ　② 国際経済論Ⅰ　② 国際経済論Ⅱ　② 専門演習Ⅱ　④	国際政治論Ⅰ　② 国際政治論Ⅱ　②	36単位
四年次		卒業演習　④	国際取引法Ⅰ　② 国際取引法Ⅱ　② 商法　④	12単位

共通科目　24単位
基本科目　32単位
専門科目　28単位
演　習　16単位
実　習　 2単位
関連科目　24単位　　計126単位

第Ⅱ部　会計教育の研究

図表 8-13 ❷　進路別履修モデル（昼間主コース・夜間主コース共通）

科目名は，図表 7-14 のカリキュラム改善案にもとづく。
② ビジネススペシャリストコース
卒業後の進路例：国税専門官，金融・保険・証券業，ベンチャービジネス，情報・通信・ソフトウエア関連企業，会計ビジネス（財務・経理・税理士・会計士）等

	幅広い知識		専門知識		もう1つの知識		履修単位
一年次	経済社会のしくみⅠ 経済社会のしくみⅡ 北九州学Ⅰ 北九州学Ⅱ 情報処理入門Ⅰ 情報処理入門Ⅱ	② ② ② ② ① ①	経営学Ⅰ 経営学Ⅱ アジア概論Ⅰ アジア概論Ⅱ コンピュータネットワーク論Ⅰ コンピュータネットワーク論Ⅱ 国際ビジネス入門演習Ⅰ 国際ビジネス入門演習Ⅱ	② ② ② ② ② ② ② ②	中国語A 中国語B 中国語C 中国語D	② ② ② ②	38 単位
二年次	メディア映像論Ⅰ メディア映像論Ⅱ 統計をつくるための情報学Ⅰ 統計をつくるための情報学Ⅱ 健康とスポーツⅠ 健康とスポーツⅡ	② ② ② ② ② ②	国際ビジネスコミュニケーションⅠ 国際ビジネスコミュニケーションⅡ 情報処理論Ⅰ 情報処理論Ⅱ 簿記原理Ⅰ 簿記原理Ⅱ 会計情報システム論Ⅰ 会計情報システム論Ⅱ 財務会計論Ⅰ 財務会計論Ⅱ 専門演習Ⅰ	② ② ② ② ② ② ② ② ② ② ④	南アジアの政治経済Ⅰ 南アジアの政治経済Ⅱ	② ②	38 単位
三年次	生活と法律Ⅰ 生活と法律Ⅱ	② ②	国際会計論Ⅰ 国際会計論Ⅱ 国際金融論Ⅰ 国際金融論Ⅱ 国際管理会計論Ⅰ 国際管理会計論Ⅱ 上級簿記Ⅰ 上級簿記Ⅱ 原価計算論Ⅰ 原価計算論Ⅱ 国際財務論Ⅰ 国際財務論Ⅱ 海外語学実習 専門演習Ⅱ	② ② ② ② ② ② ② ② ② ② ② ② ② ④	NGO論Ⅰ NGO論Ⅱ	② ②	38 単位
四年次			卒業演習	④	サイバースペース法Ⅰ サイバースペース法Ⅱ 商法	② ② ④	12 単位

共通科目　24 単位
基本科目　32 単位
専門科目　28 単位
演　習　16 単位
実　習　 2 単位
関連科目　24 単位　　計 126 単位

第 8 章　国際ビジネス教育と会計教育

図表 8-13 ❸　進路別履修モデル（昼間主コース・夜間主コース共通）

科目名は，図表 7-14 のカリキュラム改善案にもとづく。
③　グローバル・ファイナンスコース
卒業後の進路例：証券・保険・金融業，ホテル・観光・旅行業，外資系企業，一般企業の海外事業部門，非常利団体の国際交流部門，官公庁の国際交流機関

	幅広い知識	専門知識	もう1つの知識	履修単位
一年次	世界観と人間Ⅰ　② 世界観と人間Ⅱ　② 経済社会のしくみⅠ　② 経済社会のしくみⅡ　② 数学とコンピュータⅠ　② 数学とコンピュータⅡ　②	流通経済論Ⅰ　② 流通経済論Ⅱ　② 経営学Ⅰ　② 経営学Ⅱ　② 国際関係論Ⅰ　② 国際関係論Ⅱ　② 理論経済学Ⅰ　② 理論経済学Ⅱ　②	韓国語A　② 韓国語B　② 韓国語C　② 韓国語D　②	40 単位
二年次	地域づくりⅠ　② 地域づくりⅡ　② 環境分析Ⅰ　② 環境分析Ⅱ　②	国際ビジネスコミュニケーションⅠ② 国際ビジネスコミュニケーションⅡ② 情報処理論Ⅰ　② 情報処理論Ⅱ　② 簿記原理Ⅰ　② 簿記原理Ⅱ　② 国際経営論Ⅰ　② 国際経営論Ⅱ　② 商業史Ⅰ　② 商業史Ⅱ　② 国際経営管理論Ⅰ　② 国際経営管理論Ⅱ　② 専門演習Ⅰ　④	コリアの政治経済Ⅰ　② コリアの政治経済Ⅱ　②	40 単位
三年次	北九州学Ⅰ　② 北九州学Ⅱ　②	財務会計論Ⅰ　② 財務会計論Ⅱ　② 国際財務論Ⅰ　② 国際財務論Ⅱ　② 国際経済論Ⅰ　② 国際経済論Ⅱ　② 経営組織論Ⅰ　② 経営組織論Ⅱ　② 国際農業経済論Ⅰ　② 国際農業経済論Ⅱ　② 専門演習Ⅱ　④ 海外社会実習　②	国際協力論Ⅰ　② 国際協力論Ⅱ　②	34 単位
四年次		卒業演習　④	経済政策Ⅰ　② 経済政策Ⅱ　② 国際租税法 企業法務総論Ⅰ　②	12 単位
			共通科目　24 単位 基本科目　32 単位 専門科目　28 単位 演　習　16 単位 実　習　　2 単位 関連科目　24 単位	計 126 単位

⑥　社会的要請（今日的な教育状況）に応える学科

本学部創設時の教育理念を発展的に継承し，地元北九州のニーズ（アジア地域に向けた流通促進，情報の受信・発信基地）と今日的な教育状況（情報教育の促進，資格・検定の取得）に応え，流通，情報，金融，貿易，会計などの各種ビジネス分野で実務的に貢献できる人材養成を目指している。

⑦　学生の多様なニーズに応える学科

流通系，会計情報系，経営・経済系の進路別系統別履修モデルにより，学生の多様なニーズに応え，各分野ですぐに活躍できる実践的な人材の養成を行う（図表8-13参照）。

⑧　本学の夜間教育の伝統を生かし，生涯教育に対応

本学の法学部・経済学部は，1950年の大学開設以来，夜間教育の長い伝統を有している。この両学部は，この伝統を生かして，法学部は，1997年，経済学部は1999年に社会人教育に積極的に対応するためにそれぞれ昼夜開講制に移行した。国際商学部も2000年から学部の教育目標をさらに拡大し，社会人教育を推進していくものである，とされている。

5　本学国際ビジネス学科のアイデンティティとカリキュラム改善案〜一応の結論にかえて〜

前節のとおりユニークな教育方法とカリキュラムの特色を伴って開設された国際ビジネス学科のカリキュラム改善案をここに提言する目的は，①教育内容の充実を図り，学生の学習効果が向上するように現行のカリキュラムの弱点補強をするためである。そして，②国際ビジネス学科と本学経済学部経営学科との差別化を図り，両学科の特色を明確にし，対外的にそれを強くPRするためである。

この改善案の適用対象となる学生は，2002年度1年次入学生からである。

次に本学科カリキュラムと教育方法の改善内容についてその骨子を説明する。

(1)　コアコースとエレクティブコース（他学部聴講制度）[11]

ビジネスのグローバル化，IT革命の進化の中で，今後の経済人，職業人は

第 8 章　国際ビジネス教育と会計教育

スペシャリストとしての高度な専門性と同時に幅広い学際的な知識や実務の修得も要求される。

そこで，国際ビジネス学科では，まず，コアコースとして，これをビジネスの教育・研究対象を①人流，物流，②情報，経営技術，③金流，商流に分ける考え方に基づいて，①国際流通コース，②ビジネススペシャリストコース，③グローバル・ファイナンスコースの3つの履修モデルコースを設け，このうち1コースを学生に履修させる。

さらに，他学部およびアジア共生学科にある科目の受講を認めることで，これをエレクティブコース（今の関連科目に追加計上）として，①国際地域コース，②国際コミュニケーションコース，③国際政治経済コース，④国際実務法規コース，⑤情報コースを設け，このうち1コースを学生に履修させる。

このように2コースを学生に選択履修させ，2つの地軸・学問領域をもたせ，幅広い専門性を修得させる。

一体，国際ビジネス学科で何を教えるのか。学科の教育目的は，コアコースにおいては，会計，情報，流通，貿易，金融等の各種ビジネス分野の知識，能力，スキルを追求し，スペシャリストとしての高度の専門性を修得する。この3分野が本学科の中核であり，主要な学問領域に対する明確な指針を示す。エレクティブコースは，コアコースの応用分野であり，3分野と関連のある分野の幅広い知識を広め，専門性を深化させる。

すなわち，コアコースの応用分野としてのエレクティブコースにみる，①特定地域の歴史・文化・風土の研究科目，②外国語科目，③国際性の高い政治経済関係科目，特定地域の政治経済関連科目，④国際ビジネスの実務に役立つ国際法務，⑤情報関連科目等の専門性を1つ選択し，それを深化させることである。

(2)　2年次に「専門演習Ⅰ」（通年選択4単位）を新設する。

4年間一貫の少人数ゼミ教育による学生に対する綿密な指導と教員の責任体制の明確化のために，2年次に「専門演習Ⅰ」を新設し，3年次「専門演習Ⅱ」（通年選択4単位）そして，4年次「卒業演習」（通年選択4単位）へと展開する。

原則として同一教員の指導を受けるが，3年次「専門演習Ⅱ」に進む時に限り，Ⅱの担当教員の受入れが了解されれば，Ⅰの担当教員を変えることができる。なお，最初から演習（2～4年次）12単位を修得しない学生は，3科目12単位を専門科目群で代替できる。

　この提案理由は，4年次の演習が，現在，就職活動・採用活動の早期化に伴い，4年次の1年間にはほとんど学生全員が揃うことがめずらしい。どうしても卒論作成の個人指導は，研究室での個別相談，メール，ケータイにならざるを得ない。こういう現象に対応するためには，現実に起こっている採用活動の早期化からして演習および専門教育は，3年次までに終了させる必要があるからである。

　そのために，2年次に「専門演習Ⅰ」を設置し，学生をしっかり把握し，留学生をも含めた教員の責任体制を明確にすることが肝要である。4年次「卒業論文」は，しばりをかけずに，卒論を提出すれば，専門科目群で4単位認定する方法もあるが，私は3年間の成果を期待したい。

　実際に，3・4年次の専門演習は，現2年次生から選択性のため，2割以上の学生は，専門演習を履修しないこと。また，仮に入学者減が続くとなると，閉講の専門演習の増加が予想される。私の前任校9年間の経験では，3・4年次の専門演習8単位を選択履修しない学生の単位は，専門科目からの選択履修で演習8単位の倍返しの16単位であったにもかかわらず，25％前後の学生は，専門演習3・4年次8単位を修得しなかった。

　これに関連して，本学の修学規程第7条2項「1・2年次の修得単位数の合計が50単位に満たない学生は，3・4年次配当の授業科目の履修は認めない。」を廃止すべきである。そうでなければ，履修単位不足のため専門演習を履修したくてもできない学生が，増えてくるからである。

　図表8-14にみるように演習群では，1年春学期「国際ビジネス入門演習Ⅰ」（必修2単位）→1年秋学期「国際ビジネス入門演習Ⅱ」（必修2単位）→2年通年「専門演習Ⅰ」（選択4単位）→3年通年「専門演習Ⅱ」（選択4単位）→4年通年「卒業演習」（選択4単位）へと進む。国際ビジネス入門演習Ⅰ・Ⅱを含む

第 8 章　国際ビジネス教育と会計教育

図表 8-14　国際商学部　教育課程表

国際ビジネス学科　2002 年度 1 年次生　　◎本学科独自の新設科目　○他学科受講科目　△名称変更科目

授業科目の名称		配当年次	単位数又は時間数			卒業に必要な修得単位数
			必修	選択	自由	
共通科目	国際社会を生きる	世界観と人間Ⅰ	1	2		①
		世界観と人間Ⅱ	1	2		
		中国の官僚制と近・現代化Ⅰ	1	2		
		中国の官僚制と近・現代化Ⅱ	1	2		
		ロシア革命と社会主義Ⅰ	1	2		
		ロシア革命と社会主義Ⅱ	1	2		
		欧米社会と文学Ⅰ	1	2		
		欧米社会と文学Ⅱ	1	2		
		文化人類学Ⅰ	1	2		
		文化人類学Ⅱ	1	2		
		近代と人間形成Ⅰ	2	2		
		近代と人間形成Ⅱ	2	2		
		中国近世の文芸Ⅰ	2	2		
		中国近世の文芸Ⅱ	2	2		
		音楽と文化Ⅰ	2	2		
		音楽と文化Ⅱ	2	2		
		メディア映像論Ⅰ	2	2		
		メディア映像論Ⅱ	2	2		
	日本社会を生きる	経済社会のしくみⅠ	1	2		②
		経済社会のしくみⅡ	1	2		
		生活と法律Ⅰ	1	2		
		生活と法律Ⅱ	1	2		
		江戸時代の社会と文化Ⅰ	1	2		
		江戸時代の社会と文化Ⅱ	1	2		
		日本近代文学の展開と特質Ⅰ	1	2		
		日本近代文学の展開と特質Ⅱ	1	2		
		現代社会と政治Ⅰ	2	2		
		現代社会と政治Ⅱ	2	2		
		日本文学史Ⅰ	2	2		
		日本文学史Ⅱ	2	2		
		西洋の美のふれあいⅠ	2	2		
		西洋の美のふれあいⅡ	2	2		
	地域社会を生きる	北九州学Ⅰ	1	2		③
		北九州学Ⅱ	1	2		
		高齢化社会Ⅰ	1	2		
		高齢化社会Ⅱ	1	2		
		ジェンダーとエスニシティⅠ	1	2		
		ジェンダーとエスニシティⅡ	1	2		
		現代日本社会と人権Ⅰ	2	2		
		現代日本社会と人権Ⅱ	2	2		
		地域づくりⅠ	2	2		
		地域づくりⅡ	2	2		
		地域と環境Ⅰ	2	2		
		地域と環境Ⅱ	2	2		

左記より 24 単位以上選択修得
ただし，①②③④の各分野より 4 単位以上選択修得すること

155

第Ⅱ部　会計教育の研究

授業科目の名称		配当年次	単位数又は時間数			卒業に必要な修得単位数
			必修	選択	自由	
共通科目	地域社会を生きる	都市アメニティⅠ	2		2	③
		都市アメニティⅡ	2		2	
		生涯学習と社会参加Ⅰ	2		2	
		生涯学習と社会参加Ⅱ	2		2	
	人間と自然環境を考える	統計をつくるための情報学Ⅰ	1		2	④
		統計をつくるための情報学Ⅱ	1		2	
		数学とコンピュータⅠ	1		2	
		数学とコンピュータⅡ	1		2	
		地球と惑星の未来Ⅰ	1		2	
		地球と惑星の未来Ⅱ	1		2	
		環境と科学Ⅰ	1		2	
		環境と科学Ⅱ	1		2	
		生命・環境と倫理Ⅰ	2		2	
		生命・環境と倫理Ⅱ	2		2	
		動物の社会と進化Ⅰ	2		2	
		動物の社会と進化Ⅱ	2		2	
		こころの科学Ⅰ	2		2	
		こころの科学Ⅱ	2		2	
		環境分析Ⅰ	2		2	
		環境分析Ⅱ	2		2	
	実習	情報処理入門	1	1	1	
		情報処理応用	1		1	
		健康とスポーツⅠ	1		1	
		健康とスポーツⅡ	1			
留学生科目		日本事情Ⅰ	1		2	＊外国人留学生に対する授業科目履修方法の特例に関する規程参照
		日本事情Ⅱ	1		2	
		日本事情Ⅲ	1		2	
		日本事情Ⅳ	1		2	
		日本事情Ⅴ	1		2	
		日本事情Ⅵ	1		2	
		日本語1	1	2	2	＊外国人留学生に対する授業科目履修方法の特例に関する規程参照
		日本語2	1	2	2	
		日本語3	2	2	2	
		日本語4	2		2	
		日本語5	2		2	
		日本語6	2		2	
固有科目	基本科目群	流通経済論Ⅰ	1		2	左記より4科目8単位以上選択修得
		流通経済論Ⅱ	1		2	
		会計学Ⅰ	1		2	
		会計学Ⅱ	1		2	
		経営学Ⅰ	1		2	
		経営学Ⅱ	1		2	
		国際関係論Ⅰ	1		2	左記より4科目8単位以上選択修得
		国際関係論Ⅱ	1		2	
		アジア概論Ⅰ	1		2	
		アジア概論Ⅱ	1		2	

第8章　国際ビジネス教育と会計教育

授業科目の名称			配当年次	単位数又は時間数			卒業に必要な修得単位数
				必修	選択	自由	
固有科目	基本科目群						
		△国際ビジネスコミュニケーションI	2		2		
		△国際ビジネスコミュニケーションII	2		2		
		◎検定試験I	1		2		
		◎検定試験II	1		4		
		◎検定試験III	1		6		
		◎リメディアル特講I	1		2		
		◎リメディアル特講II	1		2		
		コンピュータネットワーク論I	1		2		
		コンピュータネットワーク論II	1		2		左記より8科目16単位以上選択修得
		理論経済学I	1		2		
		理論経済学II	1		2		
		情報処理論I	2		2		
		情報処理論II	2		2		
		マーケティング論I	2		2		
		マーケティング論II	2		2		
		金融論I	2		2		
		金融論II	2		2		
		簿記原理I	2		2		
		簿記原理II	2		2		
		国際経営論I	2		2		
		国際経営論II	2		2		
		国際会計論I	3		2		
		国際会計論II	3		2		
コアコース科目	コアコース科目群	国際流通コース	商業史I	2		2		
			商業史II	2		2		
			国際マーケティング論I	3		2		
			国際マーケティング論II	3		2		
			国際農業経済論	3		2		
			食糧経済論	3		2		
			◎アドバンスト・国際ビジネスコミュニケーションI	3		2		
			◎アドバンスト・国際ビジネスコミュニケーションII	3		2		
			◎多国籍企業論I	3		2		
			◎多国籍企業論II	3		2		左記より14科目28単位以上選択修得
			△国際交通論I	3		2		
			△国際交通論II	3		2		
			△国際貿易論I	3		2		
			△国際貿易論II	3		2		
		ビジネススペシャリストコース	◎英文会計I	1		2		
			◎英文会計II	1		2		
			会計情報システム論I	2		2		
			会計情報システム論II	2		2		
			△国際財務会計論I	2		2		
			△国際財務会計論II	2		2		
			△国際管理会計論I	3		2		
			△国際管理会計論II	3		2		

第Ⅱ部　会計教育の研究

授業科目の名称			配当年次	単位数又は時間数			卒業に必要な修得単位数
				必修	選択	自由	
固有科目	コアコース科目群	ビジネススペシャリストコース					
		上級簿記Ⅰ	3		2		
		上級簿記Ⅱ	3		2		
		原価計算論Ⅰ	3		2		
		原価計算論Ⅱ	3		2		
		△国際監査論Ⅰ	3		2		
		△国際監査論Ⅱ	3		2		
		○税務会計論Ⅰ	3		2		
		○税務会計論Ⅱ	3		2		
		グローバル・ファイナンスコース					選択したコアコースから14単位以上選択修得
		△国際経営管理論Ⅰ	2		2		
		△国際経営管理論Ⅱ	2		2		
		△国際財務論Ⅰ	2		2		
		△国際財務論Ⅱ	2		2		
		国際経済論Ⅰ	2		2		
		国際経済論Ⅱ	2		2		
		△国際開発経済論Ⅰ	2		2		
		△国際開発経済論Ⅱ	2		2		
		国際金融論Ⅰ	3		2		
		国際金融論Ⅱ	3		2		
		証券論Ⅰ	3		2		
		証券論Ⅱ	3		2		
		経営組織論Ⅰ	3		2		
		経営組織論Ⅱ	3		2		
		△国際労務管理論Ⅰ	3		2		
		△国際労務管理論Ⅱ	3		2		
		○経営分析論Ⅰ	3		2		
		○経営分析論Ⅱ	3		2		
		保険論Ⅰ	3		2		
		保険論Ⅱ	3		2		
	演習群	国際ビジネス入門演習Ⅰ	1	2			2科目4単位必修
		国際ビジネス入門演習Ⅱ	1	2			
		◎専門演習Ⅰ	2		4		3科目12単位修得(注1)
		△専門演習Ⅱ	3		4		
		卒業演習	4		4		
	実習科目群	海外語学実習	2		2		左記より1科目2単位以上選択修得(注2)
		海外社会実習	2		2		
		国内社会実習	2		2		
	エレクティブコース科目群	国際地域コース					
		比較宗教論Ⅰ	1		2		
		比較宗教論Ⅱ	1		2		
		中国の文化Ⅰ	1		2		
		中国の文化Ⅱ	1		2		
		中国の政治経済Ⅰ	2		2		
		中国の政治経済Ⅱ	2		2		
		コリアの文化Ⅰ	1		2		
		コリアの文化Ⅱ	1		2		
		コリアの政治経済Ⅰ	2		2		
		コリアの政治経済Ⅱ	2		2		

第 8 章　国際ビジネス教育と会計教育

授業科目の名称			配当年次	単位数又は時間数			卒業に必要な修得単位数
				必修	選択	自由	
固有科目	エレクティブコース科目群	国際地域コース	東南アジアの文化Ⅰ	1		2		左記より24以上選択修得 選択したエレクティブ専攻コースから12単位以上選択修得
			東南アジアの文化Ⅱ	1		2		
			東南アジアの政治経済Ⅰ	2		2		
			東南アジアの政治経済Ⅱ	2		2		
			南アジアの文化Ⅰ	1		2		
			南アジアの文化Ⅱ	1		2		
			南アジアの政治経済Ⅰ	2		2		
			南アジアの政治経済Ⅱ	2		2		
			華僑・華人論Ⅰ	3		2		
			華僑・華人論Ⅱ	3		2		
		国際コミュニケーションコース	中国語A	1		2		
			中国語B	1		2		
			中国語C	1		2		
			中国語D	1		2		
			○中国語E	2		2		
			○中国語F	2		2		
			韓国語A	1		2		
			韓国語B	1		2		
			韓国語C	1		2		
			韓国語D	1		2		
			○韓国語E	2		2		
			○韓国語F	2		2		
			インドネシア語A	1		2		
			インドネシア語B	1		2		
			インドネシア語C	1		2		
			インドネシア語D	1		2		
			○インドネシア語E	2		2		
			○インドネシア語F	2		2		
			英語A	1		2		
			英語B	1		2		
			英語C	1		2		
			英語D	1		2		
			○英語E	2		2		
			○英語F	2		2		
			外国語研究Ⅰ	2		2		
			外国語研究Ⅱ	2		2		
			◎ビジネス英語Ⅰ	2		2		
			◎ビジネス英語Ⅱ	2		2		
			◎ビジネス中国語Ⅰ	2		2		
			◎ビジネス中国語Ⅱ	2		2		
		国際政治経済コース	○NGO論Ⅰ	1		2		
			○NGO論Ⅱ	1		2		
			○国際協力論Ⅰ	2		2		
			○国際協力論Ⅱ	2		2		
			政治学原論Ⅰ	2		2		
			政治学原論Ⅱ	2		2		
			○財政学Ⅰ	2		2		

第Ⅱ部　会計教育の研究

授業科目の名称			配当年次	単位数又は時間数			卒業に必要な修得単位数
				必修	選択	自由	
固有科目	エレクティブコース科目群	国際政治経済コース					
		○財政学Ⅱ	2		2		
		経済政策Ⅰ	2		2		
		経済政策Ⅱ	2		2		
		○日本経済論Ⅰ	2		2		
		○日本経済論Ⅱ	2		2		
		○欧米経済論Ⅰ	2		2		
		○欧米経済論Ⅱ	2		2		
		○環境経済学Ⅰ	2		2		
		○環境経済学Ⅱ	2		2		
		○環境政策Ⅰ	3		2		
		○環境政策Ⅱ	3		2		
		国際政治論Ⅰ	3		2		
		国際政治論Ⅱ	3		2		
	国際実務法規コース	憲法Ⅰ（人権論）	1		2		
		憲法Ⅱ（統治機構）	1		2		
		民法総則Ⅰ	1		2		
		民法総則Ⅱ	1		2		
		○企業法務総論Ⅰ	1		2		
		○企業法務総論Ⅱ	1		2		
		商法	2		4		
		行政法総論Ⅰ	2		2		
		行政法総論Ⅱ	2		2		
		○国際租税法	3		2		
		○税法総論	3		2		
		○税法各論	3		2		
		○国際環境法Ⅰ	3		2		
		○国際環境法Ⅱ	3		2		
		○国際取引法	4		4		
		環境法Ⅰ	4		2		
		環境法Ⅱ	4		2		
	情報コース	○コンピュータ実習Ⅰ	1			1	
		○コンピュータ実習Ⅱ	2		1		
		○コンピュータ実習Ⅲ	2			1	
		○経営情報論Ⅰ	2		2		
		○経営情報論Ⅱ	2		2		
		○コンピュータ概論Ⅰ	2		2		
		○コンピュータ概論Ⅱ	2		2		
		○サイバースペース法	3		2		

次の各分野から定められた単位を修得の上，卒業に必要な単位数126単位を修得すること。	共通科目…………24単位 固有科目 　┌基本科目群…32単位 　│専門科目群…28単位 　│演　習　群…16単位 　│実習科目群… 2単位 　└関連科目群…24単位

(注1) 演習群の専門演習Ⅰ・専門演習Ⅱ・卒業演習を修得しない者は，3科目12単位を専門科目群で代替できる。
(注2) 卒業に必要な実習科目群の修得単位数1科目2単位を超えて修得した単位については，4単位以内を関連科目群の修得単位として振替えることができる。

16単位を選択修得すればよい。

　国際ビジネス入門演習Ⅰ・Ⅱの目的は，1年次生にレポートの書き方，履修指導，図書・資料の収集と整理の仕方等についてクラス担任制で親身な指導を行うものである。いわば，大学の水に慣れていない新入生に出席管理をしながらホームルーム，カウンセラー的なお世話をするものである。3年次，4年次の「専門演習Ⅱ」，「卒業演習」は，同じ専門演習担当者の指導を2年間受けて，はじめて8単位修得できる選択科目である。したがって，4年次で「卒業演習」担当者を変更できない。

　また，卒業論文は，これを専門演習指導の中で義務づけるかどうかは，専門演習担当教員の意向に任せる。ただし，3・4年次の専門演習指導を受けた学生に限り，単位認定するものである。また，専門演習を履修しない学生は，自分の学科の固有科目から別に3科目12単位を選択修得させる。その学生の卒業単位も専門演習履修者と同じ126単位とする。ではなぜ，専門演習を選択科目にするのかといえば，専門演習の重要性，メリットを1年次，2年次でのオリエンテーションにおいて強調はするものの，学生に専門演習を履修しない権利もまた認めようという意図があるからである。

　私の23年間の専門演習担当の経験からして，学生が専門演習を選択する理由は，もちろん，あの先生のあの学問を学びたいという向学心あふれる理由もあるが，決して，これだけではないと思える。たとえば，次のようなことである。

① あの先生と相性が良さそうだ。あの先生なら気楽に話せそうだ。一緒に酒を飲んで人生を語りたい。
② あの先生の講義を受けてみて，先生の人間性，学問に対する姿勢に魅かれた。
③ あの先生のゼミに入ると就職の世話をしてもらえる。面倒見のいい先生だ。
④ あのゼミは，コンパ，旅行，レクリエーション等楽しい行事がいっぱいで，明るく楽しいゼミだと聞いているなど。

もし，専門演習を必修とした場合，希望したゼミに入れず，いやいや第二希望，第三希望のゼミを履修した学生の気持ちはどうであろうか。やはり嫌なことは長続きせず，やる気も起こらないのである。その結果，3年次途中でそのゼミをリタイアしたとすると，その時点で留年決定である。加えて，その他の理由，たとえば，出席不良，レポート未提出，病気，事故，留学等の理由で3年次の専門演習Ⅱが失格になったとすると，留年は決定的である。こういう最悪のコースを考慮すれば，最初から専門演習を選択にしておいて，専門演習Ⅰ・専門演習Ⅱ・卒業演習を履修しない学生は，学科の固有科目から別に3科目12単位を選択修得すればよいと決めておく。そうすると，さまざまな理由で3年次で専門演習Ⅱをリタイアしても4年次に3科目12単位を修得すれば無事卒業できることになる。これが本当の学生に対する親切心とはいえないだろうか。確かに学生に対して過保護な一面も否めないが，こうでもしなければ留年する学生を救えないという現実問題があることを忘れてはいけない。

(3) 「検定試験Ⅰ・Ⅱ・Ⅲ」の新設

学内のエクステンション講座，某専門学校等の教育機関で特定の資格・検定に合格するとそのレベルに応じて，検定試験Ⅰ(2単位)・Ⅱ(4単位)・Ⅲ(6単位)を基本科目群の中で単位認定する。つまり，試験で基準点以上の成績を修めた者が，所定の手続を経て，その成績表を提出した場合には，検定試験Ⅰ・Ⅱ・Ⅲの単位を認定する。提出する成績表は，提出日から遡って1年以内に受験したものとする。13大学のうち検定試験合格者の単位認定制を実施している大学は，神奈川大，名古屋外国語大，麗澤大の3大学である。

無論，資格・検定の指導については，本学科所属の専任スタッフが十分対応しているため，この「検定試験Ⅰ・Ⅱ・Ⅲ」および「リメディアル特講Ⅰ・Ⅱ」を早急に制度化すべきである。

なぜなら，学生募集（合理的な入試・広報活動）のキーポイントは，就職実績や資格・検定の合格実績の向上，そのための教員の学生に対する面倒見の良さもその一つであると確信するからである。

(4) 資格試験関連科目の他学科受講を認める。

第8章　国際ビジネス教育と会計教育

図表8-15　検定試験の単位認定一覧表

A大学　国際経営学部

学科	認定される検定試験	本学授業科目および単位		備　考
		科目名	単位	
国際経営学科	実用英語技能検定試験　2級 初級システムアドミニストレータ試験	検定試験Ⅰ 検定試験Ⅰ	2 2	1. 検定試験Ⅰ・Ⅱ・Ⅲはそれぞれ語学，情報処理，簿記検定のいずれかの検定試験のみに，所定の単位が認定される。 2. 英検，情報処理技術者試験，簿記検定試験で，すでに合格していた等級（レベル）より上級の試験に合格した場合は，既得の単位はこの上級試験に対応した所定の単位と振替るものとする。 3. この表に記載されている等級より低い等級には単位は認定されない。
	実用英語技能検定試験　準1級 第二種情報処理技術者試験 日本商工会議所簿記検定　2級 全国経理学校協会簿記能力検定試験　1級	検定試験Ⅱ 検定試験Ⅱ 検定試験Ⅱ 検定試験Ⅱ	4 4 4 4	
	実用英語技能検定試験　1級 日本商工会議所簿記検定試験　1級	検定試験Ⅲ 検定試験Ⅲ	6 6	

　教育課程表に他学科受講科目を追加計上しなければ，単位修得にならないことは言うまでもない。

　たとえば，AO入試で税理士，会計士，公務員を目指す学生のためには，「税法（総論，各論）」「財政学Ⅰ・Ⅱ」「税務会計論Ⅰ・Ⅱ」等の他学科受講科目を計上する必要がある。

(5)　国際性の高い他学科受講科目を増やす。

　例）図表8-14の○印が他学科受講科目を示す。

　「NGO論Ⅰ・Ⅱ」，「国際協力論Ⅰ・Ⅱ」，「国際取引法Ⅰ・Ⅱ」，「国際租税法」，「国際環境法Ⅰ・Ⅱ」等。

　本学のように学内に国際ビジネス学科と経営学科が併存する場合，一方が商学（名称変更前の前身国際商学科の中核もしくは，旧大学設置基準商学部商学科の中

核)を一方が経営学(旧大学設置基準経営学部経営学科の中核)を強調しているにすぎず,大差はみられないと誤解されやすいが,国際ビジネス系の学科では,一般的に経営学もしくは商学・会計学を中核にし,その専門性を修得する一方で特定の地域研究,特定地域の言語,国際関係科目を多く履修できるという特性がみられる。

　もちろん,アメリカ的な国際ビジネスのコンセプトは,これに留まらず,その内容は,実に広範囲に及ぶことは,AIB'86レポート[12]にみるとおりである。この考え方に従えば,国際商学部2学科(国際ビジネス学科・アジア共生学科)でもまだ足りないほどに,国際ビジネスの領域は諸学問分野を包含している。これが,実に広範囲にわたっている。

　したがって,国際ビジネス学科においても法学部と経済学部の国際性の高い科目,グローバルな視点に立った学問領域だと直観させる科目を可能なかぎり受講できるようにすることによって,経営学科との差別化が一見して明確になるといえる。と同時に,アメリカ的な国際ビジネス・カリキュラムに一歩近づけるといえる。ただし,両学科ともに同じ科目を履修することになれば,この差別化も意味をなさなくなる。

(6) 国際ビジネス学科が,インターナショナルな研究分野が多いことを受験生や素人目に直観させるように現在ある科目名の頭に「国際」をつける。

　例)図表8-10 ①②のG大学経営学部のカリキュラムにおいては,経営学科が国内のロジカルな研究を中心にし,一方,国際経営学科がグローバルな視点に立った分野である,と素人目にもすぐにイメージさせるような科目が目につく。両学科の差別化のためには,この視覚に訴える方法で十分だと思う。これに倣うとすれば,国際ビジネス学科独自に開講されている「財務会計論Ⅰ・Ⅱ」「ビジネスコミュニケーションⅠ・Ⅱ」「交通論Ⅰ・Ⅱ」などの頭に「国際」を付ける具合になる。

　もちろん,「国際」の有無によって,その科目の授業内容が実質的に大きく変わるのか,ということは,他大学での両科目のシラバスを比較するかぎりにおいて,「内容は,基本的には違っていない」といえる。

第8章　国際ビジネス教育と会計教育

(7)　エレクティブコースの国際コミュニケーションコースの外国語は，1年次A～Dの後，2年次以上でEF各2単位を修得させる。EFは卒業単位になるため，履修する学生はいる。また，「ビジネス英語Ⅰ・Ⅱ」，「ビジネス中国語Ⅰ・Ⅱ」を新設する。

(8)　現専任教員が担当した科目を新設する。

　専任教員が主担科目と関連する科目を非常勤に代わって担当することや本学科の独自性，特徴を表す新科目を設置することも可能である。

　たとえば，専門教育に入る前の基礎学力の復習指導，あるいは，大学院進学者のための補習，特訓講座。さらには，特定の資格取得，検定合格指導のための講座を開設する。これらを総称して「リメディアル特講Ⅰ・Ⅱ」と呼び，基本科目群に新設する。

　次に現有専任教員が現在担当している「ビジネスコミュニケーションⅠ・Ⅱ」の応用科目としての「アドバンスト・国際ビジネスコミュニケーションⅠ・Ⅱ」さらには，「多国籍企業論Ⅰ・Ⅱ」をコアコース科目群国際流通コースに新設する。

　さらに，「英文会計Ⅰ・Ⅱ」をコアコース科目群ビジネススペシャリストコースに新設する。この新設が不可能な場合は，エレクティブコース科目群国際コミュニケーションコースの「外国語研究Ⅰ・Ⅱ」の中で講義することも考えられる。この「英文会計Ⅰ・Ⅱ」は，わが国のJIIAE（特定非営利活動法人国際会計教育協会）実施のEAT（英文会計テスト）で高得点の取得を目指すものである。

　また，「ビジネス英語Ⅰ・Ⅱ」，「ビジネス中国語Ⅰ・Ⅱ」をエレクティブコース科目群国際コミュニケーションコースに新設する。

　以上の新設科目については，現場の専任教員からすでに強い要望が出されている。

　上記(1)～(8)の国際ビジネス学科カリキュラム改善案の早期実施によって，九州国際大学における国際ビジネス学科と経営学科との差別化が図られ，各々の特色が明確になると確信するものである。大学関係者各位のご理解とご協力を期待してやまない。

第Ⅱ部　会計教育の研究

注

1) 斎藤毅憲稿「経営学教育に関する実態調査（第3次調査）」、『横浜市立大学論叢』、第42巻社会科学系列1・2・3合併号、1991年3月、441～515頁参照。
2) 文部省高等教育局企画課監修『大学設置審査要覧』、昭和63年4月、182～184頁。
3) 同上、186～188頁。
4) 同上、184～186頁。
5) 山崎清、竹田志郎編『テキストブック国際経営』有斐閣ブックス、1988年2月、1頁。
6) John Thanopulos & Joseph W. Leonard, *International Business Curricula : A Global Survery*, Academy of International Business, 1986, pp. 11-17. 拙著『簿記会計教育論─基本問題の探究─』中央経済社、2000年3月、77～81頁に所収。
7) Endel J. Kolde, *International Business Enterprise*, ⓒ1968 by Prentice-Hall, lec., Englewood cliffs, N. J., U. S. A., pp. 6-12.
8) 学校法人九州国際大学「九州国際大学収容定員関係学則変更認可申請書（抜刷）（2. 学則変更の趣旨及び特に学則変更を必要とする理由を掲載した書類）」、1～8頁。
9) リクルート『カレッジマネジメント』、通巻第101号、2000年3月1日発行、58頁。
10) 同上、51～52頁。
11) 「大学に対する規制の緩和も、改革を促している。1991年に大学審議会が答申した『大学設置基準の大綱化の提言』では、一般教育科目と専門教育科目の科目区分が全廃され、卒業までに124単位を取得すればよいとされた。これにより大学は、独自のバラエティに富んだカリュキュラム編成を行うことが可能になった。試みにはさまざまなタイプがある。①他学部聴講制度、②副専攻制度、③インスティテュート、④他大学との単位互換、⑤大学連携（コンソーシアム）、⑥国内留学、などである。……これらは基本的に、従来のような閉鎖的で硬直化した専攻システムを見直し、学生が学べる幅を広げようというものだ。」といわれる。（「妥協しない大学選び　就職できなければ大学にやる意味がない」、『週刊ダイヤモンド』2001年8月号別冊、52頁）。たとえば他学部聴講制度は、「同じ大学内で他学部が開設している科目を履修でき、その取得単位が卒業単位の一部として認められる制度。取得できる単位数が決められていたり、履修できる科目が指定されているなどの制限はある。またシステムとしては別だが、『全学部共通科目』『総合教育科目』といった共通科目を設け、各学部から履修できるようにしている大学もある。たとえば早稲田大学では、『全学部オープン科目』として約200科目を設置。青山学院大学、京都産業大学なども同様の制度を持ち、学部を超えて広く履修することができる。」（同上、52頁）という。また、この制度は、「複数の学部を持つ大学ならば最近では一般的に導入されており、右（上記①～⑤…著者）の中では最も簡易な改革といえるが、それでも自分の学部とは異なる分野にも興味がある学生にとっては嬉しい制度だ。

　これを本格化したのが副専攻制度やインスティテュートであり、学部・学科、さらには文系・理系という考え方そのものを見直そうという動きである。学際的な動

第8章　国際ビジネス教育と会計教育

きへの対応という面もあるが，学生が学びながら自らの将来イメージを固めていくという意味が大きい。大学に進学したものの自分の興味や進路をつかみかねている学生が多くなっていることの反映ともいえる。その分，ただ選択の幅を広げるだけではなく，学習指導などの支援システムも不可欠となる。」としている（同上，52～53頁）。

　ところで，副専攻制度とは，「自分の専攻に加え，ある程度体系的に別の分野を学べる制度。他学部聴講制度が単発的，自発的に他学部の科目を履修するものであるのに対し，副専攻は選択する科目にまとまりがある点で異なる。また，大学・学部が履修に際し積極的に支援を行う場合が多いのも特徴。関西大学文学部の例では，『日本・アジア文化論』『ヨーロッパ文化論』などの副専攻を2年次から履修できる。所定の単位を取得すれば，『副専攻』として成績証明書・卒業証明書に明記される。」（同上，52頁）次に，インスティテュートは，「立命館大学が96年から導入した制度。学部に所属し，その専門科目や共通科目を履修しながら，テーマに沿った独自科目を並行して学ぶ。関西大学文学部のインターディパートメント・コースもこれに近い。立命館の場合『人文総合科学』『国際』『文理総合』の3インスティテュートを設置。たとえば文理総合では，さらにファイナンス，環境・デザイン，サービス・マネージメントの3コースがあり，学生は各コースごとに，文系・理系の枠を超えて学ぶことができる。学際的かつ実践的教育の意味合いが強い。」とされている（同上，52頁）。

12）約5年ごとにAIB（Academy of International Business）が，『国際ビジネス・カリキュラムの世界的な調査』（International Business Curricula : A Global Survey, Academy of International Business,1986）結果を発表している。この1986年調査表はシリーズの4回目であるが，AIBが，アメリカのビジネス・スクールから提出された国際ビジネスのカリキュラムやアメリカ以外の教育機関から提出された経営学のカリキュラムについて，そのデータを定期的に研究し，報告している。

　本書では，いろんな団体がどのような教育のニーズに直面しているかという情報を提供する。また異なるカリキュラムを比較する手段を与え，欲しい情報の検索を容易にし，全体的な傾向も示す。86年版では，二つの本質的に異なる調査を1冊にまとめている。したがって，この書の構成は2部からなる。第1部は，アメリカ国内の国際ビジネスのカリキュラムを扱い，第2部は，アメリカ国外の大学の経営学カリキュラムを扱っている。

　そこで，第1部の内容は，拙著『簿記会計教育論—基本問題の探究—』，（中央経済社，1998年3月）の「第5章　大学の国際ビジネス・カリキュラム」の「第3節　AACSBメンバーの大学に対する調査結果の要約」において，また，第2部の内容は，上記拙著の「第5章　大学の国際ビジネス・カリキュラム」の「第4節　アメリカ国外の大学に対する調査結果」において要点的に追試している。ご参照下さい。

第9章

国際ビジネス教育と会計教育 (2)

1 はじめに

　本章の目的は，現行の九州国際大学国際ビジネス学科カリキュラムに対する改善案（本章図表8-2—拙稿「九州国際大学における国際ビジネス・カリキュラムの現状と課題」，『九州国際大学国際商学論集』，第13巻第1号，2001年9月，91〜96頁）が，国際ビジネス学科会議，国際商学部内カリキュラム検討委員会および教授会においてどういう具合に精査され，図表9-3の2002年度国際ビジネス学科カリキュラムに落ち着いたかを要点的に追試するとともに，図表9-3にみるように国際ビジネス学科の教育目標と方法，さらにカリキュラムの特色を明確にすることである。

2 国際ビジネス学科のアイデンティティとカリキュラム改善・改革

　まず，図表9-2と図表9-3の大きな違いは，次のとおりである。

(1) **共通科目**

　共通科目は，図表8-2では24単位であるが，図表9-3では，これに該当する部分は基礎教育科目3単位，共通科目20単位，外国語科目12単位の計35

単位である。これは，法学部，経済学部，国際商学部の3学部共通科目であり，本学入学者は，教養科目についてはどの学部においても，同じ内容を学ぶという認識に基づいている。この方法では，各学科開講科目への教員の配置および開講科目への学生の振分けが合理的に容易に行える，というメリットがあげられる。

(2) 3つの進路による履修モデルコースでの実学教育の徹底化

ビジネスのグローバル化，IT革命の進化の中で今後の経済人，職業人はスペシャリストとしての高度な専門性と同時に幅広い学際的な知識や実務の修得も要求される。

そこで，この時流に対応するために，国際ビジネス学科では進路別履修モデルコースとして，具体的にはビジネスの教育・研究対象を①人流，物流，②情報，経営技術，③金流，商流に分ける考え方に基づいて，①国際流通系　②ビジネス・スペシャリスト系　③グローバル・ファイナンス系の3つの履修モデルコースを設け，このうち1つの系を学生に選択させる。もちろん，入学時点および入学後の3系別定員制度はなく，強制力のない，おすすめメニューであるため，途中変更もまた可能である。

さらに，他学科の開講科目の受講を認めるために，これを関連科目群として①言語コミュニケーション系（アジア共生学科の外国語科目），②国際・地域研究系（アジア共生学科の国際関係科目，特定地域の政治経済・文化等の開講科目），③経済・経営系（経済学部の経営・経済・情報関連科目），④法律・政治系（法学部の法律・政治関連科目）を設け，4つの科目ボックスごとの修得単位のしばりは，特にないが，学生は，できるかぎり1つの系を集中して単位修得することが望ましい。

このように，学生に2つの地軸，学問領域をもたせ，幅広い専門性を修得させるのが本学科の特徴である。

つまり，国際ビジネス学科の教育目的は，専門科目群においては，会計，情報，流通，貿易，金融等の各種ビジネス分野の知識，能力，スキルを追求し，

第9章　国際ビジネス教育と会計教育（2）

スペシャリストとしての高度の専門性を修得することである。

　この3分野が，本学科の中核であり，主要な学問領域に対する明確な指針を示す。関連科目群は，基本科目群の応用分野であり，3分野と関連のある分野の幅広い知識を広め，専門性を深化させるためにある。

(3)　**履修モデルコースと自由履修単位**

　元来，カリキュラムの各科目ボックスごとにここから何単位修得しなさいという指導の方が，教員にも学生にもわかりやすいし，単位修得しやすいと思われる。また，大学入学後に自分の興味のある学問分野を見つけられないでいる学生や自主的に計画的にカリキュラムを組めないでいる学生には，進路別履修モデルコースのようなおすすめメニューを提示してあげた方が，親切で学生の実態に合っていると思える。これが全国的な傾向[1]であると聞いていた。

　しかし，本学独自の「自由履修単位制」が始まった。国際ビジネス学科においては，他学部が2001年度に導入した影響を受けて，2002年度新入生からこれを適用する。

　「自由履修単位制」のメリットについて，これを履修モデルコースの中で説明しよう。

　さて，3つの履修モデルコースは，ともに1年次必修「流通経済論」「会計学」「経営学」の総論（基礎科目）によって，本学科の導入部分はしっかり押さえておく。その後に各論（応用科目）へと展開する。積極的に計画的にカリキュラムを組めるようなやる気のある学生は問題ないが，途中で当初の履修モデルコースからはずれたり，あるいは意識的に履修モデルコースを変更する場合には，とりこぼした科目を自由履修8単位の中で調整することが一応は可能となる。

　たとえば，本学入学当初は，3系のうち1つを選択したものの，高学年で興味が教養科目にあったことに気づいて余裕の8単位からこれを修得できるのである。小回りがきくのである。

　しかし，自主的計画的に将来の進路に合わせてカリキュラムの組めるような

目的意識のはっきりした学生には，自由履修単位は本当に役に立つが，やる気のない学生は，この8単位を安易に利用するため，やはり無意味ともなりかねない。講義や教務ガイダンス等で私語に夢中で人の話を何も聞いていないような学生にとっては，「猫に小判」,「とうふに鎹(かすがい)」「糠に釘」といえるのではなかろうか。

逆に，自由履修単位のような余裕をもたせない制度の場合，たとえば，必修科目がやたら多いとか，各科目ボックスごとに履修制限がきついとその単位を落とすと留年しやすいというデメリットがあるといえるが，低学年での学問体系の基点科目を必修にすることには大いにメリットがある。

つまり，履修モデルコースにおいて1年次に3科目を必修にすることのメリットは，次のとおりである。

① 図表9-5「国際流通系」(流通経済論)，図表9-6「ビジネス・スペシャリスト系」(会計学)，図表9-7「グローバル・ファイナンス系」(経営学)の1つから他へと変更しても総論部分の学習が，すでに1年次で終了しているため，変更した新たな系での2年次以上の各論へと進みやすいのである。

② また，この必修3科目は，本学科の三本柱，進路別履修モデルコースの基点であり，これを1年次前期に履修するからこそ，1年次後期「国際ビジネス入門演習Ⅱ」という3モデルコースの専門基礎演習の始まりを選ぶ時にも自分の関心が3分野のうちのどれかが見当つくし，教員側も「国際ビジネス入門演習Ⅱ」の学生を選ぶ際の基準として，必修3科目の前期の成績と「国際ビジネス入門演習Ⅰ」(1年次前期)の成績とが活用できるのである。

③ さらに，この3科目は，学問体系上本学科の三本柱で核となっている。ことに資格・検定試験には，すべて必要な基本科目だといえる。

この点を図表9-6「ビジネス・スペシャルリスト系履修モデルコース」で説明しよう。図表9-6のモデルコースは，会計専門家を目指すモデルコースであるが，1年次で「経営学」が必修であるから，3年次で中小企業診断士を目指す気になった学生は，すでに経営学を修得しているため，3年次で会計科目の代わりに労務管理論，経営管理論，経営組織論を自由履修単位として修得する

第9章　国際ビジネス教育と会計教育 (2)

と，この試験にうまく対応できる。このように，途中で進路変更しても自由履修単位でとりこぼしが救えるのである。

また，3年次で公認会計士試験にシフトしたい学生は，すでに1年次で試験科目の「経営学」を修得しているから，3年次では「原価計算論」と「監査論」等を自由履修単位として修得するとこの試験にうまく対応できるのである。

(4) 4年間一貫の少人数ゼミ教育

図表9-3の演習群においては，4年間一貫の少人数ゼミ教育によって学生に対する綿密な指導と教員の責任体制の明確化が見られる。この点には，毎年，留学生，日本人学生を少人数のゼミでしっかりと把握し，生活指導も含めたきめ細かい学生指導を行うという，本学科所属専任教員の気概が感じられる。これによって退学者，除籍者を今以上に減らすことが可能であろう。

図表9-3にみるように演習群では，1年次春学期「国際ビジネス入門演習Ⅰ」（必修2単位）→1年次秋学期「国際ビジネス入門演習Ⅱ」（必修2単位）→2年次通年「専門演習Ⅰ」（必修4単位）→3年次通年「専門演習Ⅱ」（必修4単位）→4年次通年「専門演習Ⅲ」（選択4単位）へと進む。国際ビジネス入門演習Ⅰ・Ⅱの目的は，全学部共通テキストを使用して1年次生にレポートの書き方，履修指導，図書・資料の収集と整理の仕方等についてクラス担任制で親身な指導を行うものである。いわば，大学の水に慣れていない新入生に出席管理をしながら，ホームルーム，カウンセラー的なお世話をするものである。

原則として2年次以上の専門演習では，同一教員の指導を受けるが，3年次「専門演習Ⅱ」に進む時にかぎり，Ⅱの新担当教員の学生受入れが了解されれば，Ⅰの担当教員を変えることができる。

もしも，2年次以上の専門演習を選択制にした場合，私の経験上2割以上の学生は，専門演習を履修しない。また，2年次から3年次に進む時に関門を設けているため，3年次専門演習Ⅱを履修したくても履修できない学生が2割以上出てくるとなると，履修希望者なしの演習が続出する。大学での学問研究の仕上げともいうべき専門演習を履修しない学生が増えすぎては，毎年学生が何

第Ⅱ部　会計教育の研究

をしているのかしっかりと把握できない。これでは退学者，除籍者の増加は防げない。だから，専門演習Ⅰ（2年次），専門演習Ⅱ（3年次）は，必修にしたのである。4年次の専門演習Ⅲの開講の有無は，担当教員の意向に任されるが，これが一応選択とはいえ，2年間の演習指導の集大成である卒業論文作成の年という意味で，ほとんどの教員の開講が期待される。

　さらに，専門演習の必修制に関連して本学の修学規定第7条2項「1・2年次の修得単位数の合計が50単位に満たない学生は，3・4年次配当の授業科目の履修は認めない。」を廃止すべきである。専門演習は，必修にしたからには，必ずどこかのゼミを履修できるようにしなければ学生指導上意味がないからである。

(5)　資格取得・検定試験合格指導の充実

①　「検定試験特講Ⅰ・Ⅱ」の新設

　今日，大学においても簿記検定，情報関連検定，商業英語検定等実学教育を重視した専門学校的な要素を取り入れることが肝要である。学内のエクステンション講座（学生の計画的・段階的カリキュラムの利用が必要）や某専門学校等の教育機関で特定の検定試験に合格すると，その合格証明書を提示した時点でそのレベルに応じて，「検定試験特講Ⅰ・Ⅱ」（各2単位）を基本科目群の中で単位認定する。

　つまり，当該セメスターの中で「検定試験特講Ⅰ・Ⅱ」に該当する特定の検定試験を受ける学生は，履修申告期間中に2単位を1セメスター上限22単位の中で履修申告しておき，検定試験に合格した学生が，所定の手続きを経て，その合格証明書を提示した場合には，そのセメスターで単位認定するものである。提出する合格証明書は，在学中のものにかぎり有効である。また，これは提出日から遡って1年以内に受験したものに限る。

②　「国際ビジネス特講Ⅰ・Ⅱ・Ⅲ・Ⅳ」の新設

　学生募集（合理的な入試・広報活動）のキーポイントとして就職実績や資格・検定試験合格実績の向上，そのための教員の学生に対する面倒見の良さが

第9章 国際ビジネス教育と会計教育（2）

あげられると思う。

　もちろん，国家資格・検定試験合格の指導については，本学科所属の専任教員が，授業やゼミの中で体系的・計画的に行い，これに十分対応している。今後も指定校，AO入試，一芸一能等で，初めから簿記，コンピュータ，語学等に秀でた学生を計画的に段階的に鍛えて国家資格・検定試験合格・公務員試験合格等で就職実績を向上させ，入試の評価を上げる。そのためにもエクステンション講座の受講を推進しなければならない。ところで，「検定試験特講Ⅰ・Ⅱ」は，学生に対して資格取得・検定合格を啓蒙することが目的である一方，各種検定合格の支援を行うのが，「国際ビジネス特講Ⅰ～Ⅳ」である。ここでは特定の資格取得・検定合格の指導のための講座を開設し，学生をバックアップするのが狙いである。ちなみに，2002年度は，商業英語検定と簿記検定の合格指導講座が予定されている。これの仕上げは，専門演習になるが，3年次までに簿記検定2級以上に合格した学生の自信・喜び・達成感が就職活動に良い効果を発揮している。私の専門演習では，自信によってやる気になった学生の目の色が変わり，4年次早々に積極的に就職活動を始め，この4年間東証一部上場企業への内定が早い傾向にある。

　ところで，「検定試験特講Ⅰ・Ⅱ」が各2単位で一見単位数が少ないと思われるが，しかし，特定の検定に合格すれば，これを支援した科目「国際ビジネス特講Ⅰ～Ⅳ」(各2単位)や合格指導した教員の主担科目，副担科目においても各4単位が与えられることを思えば，2単位は決して少なくはない。第一，1セメスターで最高履修単位22単位のうち合格を予定して事前に履修申告をするが，もしも不合格の場合でもこれが2単位なら，とり逃がしても大した負担にはならないからである。

(6) **国際性の高い科目の増加**

　国際ビジネス学科が，グローバルな視点に立った学問分野が多いことを素人目に直観させるように国際性の高い科目名を増やした。たとえば，次のような科目である。

第Ⅱ部　会計教育の研究

　①　新設の国際ビジネス学科独自の開講科目

　いずれも現専任教員が担当する科目である。「英文会計Ⅰ・Ⅱ」，「貿易商務論Ⅰ・Ⅱ」，「国際ビジネス特講Ⅰ～Ⅳ」の開講

　②　名称変更の国際ビジネス学科独自の開講科目

　次の2科目は，現専任教員が担当する科目である。

「ビジネスコミュニケーションⅠ・Ⅱ」→「国際ビジネスコミュニケーションⅠ・Ⅱ」，「国際マーケティング論Ⅰ」→「多国籍企業論」

「交通論Ⅰ・Ⅱ」→「国際交通論Ⅰ・Ⅱ」は，現非常勤講師が担当する。

　③　新設の他学科受講科目

　次のほとんどの科目が，他学科専任教員の担当科目である。

「NGO論Ⅰ・Ⅱ」，「比較文化論Ⅰ・Ⅱ」，「国際協力論Ⅰ・Ⅱ」，「国際協力実践論Ⅰ・Ⅱ」，「アメリカ経済論Ⅰ」，「ヨーロッパ経済論Ⅱ」，「国際取引法Ⅰ・Ⅱ」等である。

(7)　**適正規模の教室**

　適正規模の教室によって，きめ細かい教育サービス，学習効果の向上，個別の指導での理解度チェックが可能である。私語も防ぎやすい。

　たとえば，複式簿記の記帳・計算技術の原理とエクササイズをする授業では，100名を超えると，個別の質問に応答しづらい。教室を見て回り，学生の理解度や解答ミスをチェックする等はしづらい。学生を把握しづらいのである。学生の方も人数が多くなればなるほど，自分一人くらい私語をしても気づかれまいといった甘えが出て，私語が増える。簿記は，原理とエクササイズという演習形式をモットーにしている以上，語学のように50名以下に抑える必要はあるが，最大に妥協して一クラス100名以内に抑えるのが他大学での常識となっている。ある大学では，普通科と商業高校出身者とのクラス分けをしているし，また，ある大学では，一クラス100名編成で系統的な経営技術のカリキュラムのある商学部とは区別して，これの無い文学部，法学部とのクラス分けをして学習効果が上がる配慮をしている。本学においてもこうした適性規模の教室づ

第9章 国際ビジネス教育と会計教育（2）

くりが望まれる。

(8) **私の授業観**

　25年間，私が心がけていること。授業中に学生に近づいて「わかった？」と呼びかける。「言葉は，わかりやすく，繰り返す。どんな幼稚なことも絵に描いて」をモットーに授業をして早25年になる。私語やマナーの悪さはその場で，毅然とした態度で注意する。ただし，言葉使いには気をつけ下品にならないように。まして，学生は感情をもった生身の人間だから，向かってこないようにくれぐれも心がける。最近の学生は，切れやすいため気をつける。注意の仕方一つで教員がなぐられ，それっきり登校拒否を起こした他大学教員の話を聞いたことがある。こうした厳しい教員の姿勢によってその後，教室のムードは良くなることが多いが，学生が注意を聞かない時は，勇気をもって教室の外に出す。結論的にいえば，授業の基本は，学生との「対人関係」づくりだと思う。経験上，ベストコンディションで情熱をもって学生の目線に合った授業をすると学生と真に心が通うように思う。

(9) **自主的継続的授業評価**

　確かに，FDの一環として授業評価のためのシステムづくり，工夫ある学生による授業評価の全学的実施が期待されるが，まずは，教員の「教育力」向上と授業改善のための担当科目に応じた授業評価を自主的継続的に行うことが必要である。私が簿記，会計学の授業を担当して早25年が経ち，私学教育職員になってからは23年になるが，一貫して実施してきた授業に関するアンケート調査結果（章末の資料1および資料2参照）から実感していることは，「教えることは，学ぶこと」である。

　実は，私が，2001年7月20日に第1回FD研究会「国際商学部での自己点検・評価について」の講師を務めたっきり，2回目開催が頓挫したままになっている。FD研究会の継続的実施が望まれる。

　なお，第1回FD研究会の報告要旨は，近日中に学内論集に発表する予定で

ある。

3 おわりに

　以上のように専任教員を補充せずに，現有専任教員だけで無理なくできる国際ビジネス学科カリキュラムの合理的改善の実施によって，九州国際大学における国際ビジネス学科と経営学科との差別化の一歩前進が図られ，各々の特色が今一つ明白になったと確信する次第である。

　また，このたびの国際ビジネス学科カリキュラム改善・改革によって，なお一層，学外に向けての入試・広報活動での実績向上を期待してやまない。今や「九州国際大学を代表するグローバルな国際ビジネス学科」といわれる日は近い。現に，入試において将来の進路について具体的目標をもつ留学生が，その目標達成のために国際ビジネス（語学，コンピュータ，日本的経営を指すことが多い）を学びに九州国際大学を志望してくる兆候が現われている。

　こうした状況に十分対応するためには，われわれの受入体制の整備が急務である。たとえば，留学生の支援体制として日本語や英語のリメディアル教育，チューター制度の確立等が急がれる。

　具体的には，国際ビジネス学科内において

①　さらなる教員の教育力と研究業績の向上，大学院開設。

②　カリキュラム改善を契機とした教育内容の充実化。具体的には，情報教育環境の充実による情報リテラシーの向上，先進的な取組みとされる語学・キャリアデザインの推進，資格・検定講座の充実，留学生に対する英語や日本語のリメディアル教育，進路別系統別履修モデル3コースでの実学教育の徹底化。

③　国家資格取得・公務員試験合格・検定試験合格の実績向上

④　4年間一貫の少人数ゼミ教育に基づく学生に対するきめ細かい教育と学生指導による就職実績の向上，そのための教員の責任体制の確立。

　この4年間一貫の少人数ゼミ教育によって，綿密な指導を行い，留学生をも含めた学生に対する教員の責任体制を明確にする。たとえば，国家資格・各種

第9章 国際ビジネス教育と会計教育（2）

検定合格および就職の実績を上げる。また，3年間一貫の必修ゼミ教育によって，毎年学生の動向をしっかり把握し，退学者，除籍者を減らす。こうしたきめ細かい学生指導によって，在学生や卒業生が，母校の先生や後輩にあるいは，母国に帰って本学科の教員の情熱と教育力の素晴らしさを自然に口込みでPRしてくれると思われる。

　そのためにも，大学入学後の学習歴の公表が肝要である。この意味は，たとえば，大学入学後にどんな先生がどんな授業をし，資格取得と結びつく授業が何で，また，4年後資格と就職とどんな風に結びついているか，といった4年間の学生の学習スケジュール，本学科の教育指導の具体的内容，教員の紹介（顔写真・単著名，研究テーマ，受験生へ一言コメント等）等の学科単位の情報ディスクロージャーに努めることである。

　今，「学科の特色を一つだけ出せ」と言われたら，私は，「少人数教育の成果が売り」と答えたい。魅力のない大学は，淘汰される。教育内容は，他大学ではやれない希少価値のあるドラスティックなことをやり，1つだけでいいから，それを売りにする。国際ビジネス学科の売りは，「少人数教育の実績」をPRすることに他ならない。

第Ⅱ部　会計教育の研究

図表 9-1　国際ビジネス学科教育課程表

国際ビジネス学科　2001年度1年次生

授業科目の名称			配当年次	単位数又は時間数			卒業に必要な修得単位数
				必修	選択	自由	
共通	国際社会を生きる	世界観と人間Ⅰ	1		2		①
		世界観と人間Ⅱ	1		2		
		中国の官僚制と近・現代化Ⅰ	1		2		
		中国の官僚制と近・現代化Ⅱ	1		2		
		ロシア革命と社会主義Ⅰ	1		2		
		ロシア革命と社会主義Ⅱ	1		2		
		欧米社会と文学Ⅰ	1		2		
		欧米社会と文学Ⅱ	1		2		
		文化人類学Ⅰ	1		2		
		文化人類学Ⅱ	1		2		
		近代と人間形成Ⅰ	2		2		
		近代と人間形成Ⅱ	2		2		
		中国近世の文芸Ⅰ	2		2		
		中国近世の文芸Ⅱ	2		2		
		音楽と文化Ⅰ	2		2		左記より24単位以上選択修得
		音楽と文化Ⅱ	2		2		
		メディア映像論Ⅰ	2		2		ただし、①②③④の各分野より4単位以上選択修得すること
		メディア映像論Ⅱ	2		2		
科目	日本社会を生きる	経済社会のしくみⅠ	1		2		②
		経済社会のしくみⅡ	1		2		
		生活と法律Ⅰ	1		2		
		生活と法律Ⅱ	1		2		
		江戸時代の社会と文化Ⅰ	1		2		
		江戸時代の社会と文化Ⅱ	1		2		
		日本近代文学の展開と特質Ⅰ	1		2		
		日本近代文学の展開と特質Ⅱ	1		2		
		現代社会と政治Ⅰ	2		2		
		現代社会と政治Ⅱ	2		2		
		日本文学史Ⅰ	2		2		
		日本文学史Ⅱ	2		2		
		両洋の美のふれあいⅠ	2		2		
		両洋の美のふれあいⅡ	2		2		
	地域社会を生きる	北九州学Ⅰ	1		2		③
		北九州学Ⅱ	1		2		
		高齢化社会Ⅰ	1		2		
		高齢化社会Ⅱ	1		2		
		ジェンダーとエスニシティⅠ	1		2		
		ジェンダーとエスニシティⅡ	1		2		
		現代日本社会と人権Ⅰ	2		2		
		現代日本社会と人権Ⅱ	2		2		
		地域づくりⅠ	2		2		
		地域づくりⅡ	2		2		
		地域と環境Ⅰ	2		2		
		地域と環境Ⅱ	2		2		

第9章　国際ビジネス教育と会計教育（2）

授業科目の名称		配当年次	単位数又は時間数			卒業に必要な修得単位数
			必修	選択	自由	
共通科目	地域社会を生きる	都市アメニティⅠ	2		2	③
		都市アメニティⅡ	2		2	
		生涯学習と社会参加Ⅰ	2		2	
		生涯学習と社会参加Ⅱ	2		2	
	人間と自然環境を考える	統計をつくるための情報学Ⅰ	1		2	④
		統計をつくるための情報学Ⅱ	1		2	
		数学とコンピュータⅠ	1		2	
		数学とコンピュータⅡ	1		2	
		地球と惑星の未来Ⅰ	1		2	
		地球と惑星の未来Ⅱ	1		2	
		環境と科学Ⅰ	1		2	
		環境と科学Ⅱ	1		2	
		生命・環境と倫理Ⅰ	2		2	
		生命・環境と倫理Ⅱ	2		2	
		動物の社会と進化Ⅰ	2		2	
		動物の社会と進化Ⅱ	2		2	
		こころの科学Ⅰ	2		2	
		こころの科学Ⅱ	2		2	
		環境分析Ⅰ	2		2	
		環境分析Ⅱ	2		2	
	実習	情報処理入門Ⅰ	1		1	
		情報処理入門Ⅱ	1		1	
		健康とスポーツⅠ	1		1	
		健康とスポーツⅡ	1		1	
留学生科目		日本事情Ⅰ	1		2	＊外国人留学生に対する授業科目履修方法の特例に関する規程参照
		日本事情Ⅱ	1		2	
		日本事情Ⅲ	1		2	
		日本事情Ⅳ	1		2	
		日本事情Ⅴ	1		2	
		日本事情Ⅵ	1		2	
		日本語1	1	2		＊外国人留学生に対する授業科目履修方法の特例に関する規程参照
		日本語2	1	2		
		日本語3	2	2		
		日本語4	2		2	
		日本語5	2		2	
		日本語6	2		2	
固有科目	基本科目群	流通経済論Ⅰ	1		2	左記より4科目8単位以上選択修得
		流通経済論Ⅱ	1		2	
		会計学Ⅰ	1		2	
		会計学Ⅱ	1		2	
		経営学Ⅰ	1		2	
		経営学Ⅱ	1		2	
		国際関係論Ⅰ	1		2	左記より4科目8単位以上選択修得
		国際関係論Ⅱ	1		2	
		アジア概論Ⅰ	1		2	
		アジア概論Ⅱ	1		2	

第Ⅱ部　会計教育の研究

授業科目の名称	配当年次	単位数又は時間数 必修	単位数又は時間数 選択	単位数又は時間数 自由	卒業に必要な修得単位数
固有科目 基本科目群 ビジネスコミュニケーションⅠ	2		2		左記より4科目8単位以上選択修得
ビジネスコミュニケーションⅡ	2		2		
コンピュータネットワーク論Ⅰ	1		2		
コンピュータネットワーク論Ⅱ	1		2		
理論経済学Ⅰ	1		2		
理論経済学Ⅱ	1		2		
情報処理論Ⅰ	2		2		
情報処理論Ⅱ	2		2		
マーケティング論Ⅰ	2		2		左記より8科目16単位以上選択修得
マーケティング論Ⅱ	2		2		
金融論Ⅰ	2		2		
金融論Ⅱ	2		2		
簿記原理Ⅰ	2		2		
簿記原理Ⅱ	2		2		
国際経営論Ⅰ	2		2		
国際経営論Ⅱ	2		2		
国際会計論Ⅰ	3		2		
国際会計論Ⅱ	3		2		
専門科目群 流通系 商業史Ⅰ	2		2		
商業史Ⅱ	2		2		
保険論Ⅰ	2		2		
保険論Ⅱ	2		2		
国際マーケティング論Ⅰ	3		2		
国際マーケティング論Ⅱ	3		2		
国際金融論Ⅰ	3		2		
国際金融論Ⅱ	3		2		
証券論Ⅰ	3		2		
証券論Ⅱ	3		2		
交通論Ⅰ	3		2		
交通論Ⅱ	3		2		
貿易論Ⅰ	3		2		
貿易論Ⅱ	3		2		
会計情報系 会計情報システム論Ⅰ	2		2		左記より14科目28単位以上選択修得
会計情報システム論Ⅱ	2		2		
財務会計論Ⅰ	2		2		
財務会計論Ⅱ	2		2		
管理会計論Ⅰ	3		2		
管理会計論Ⅱ	3		2		
上級簿記Ⅰ	3		2		
上級簿記Ⅱ	3		2		
原価計算論Ⅰ	3		2		
原価計算論Ⅱ	3		2		
監査論Ⅰ	3		2		
監査論Ⅱ	3		2		
経済経営系・ 経営管理論Ⅰ	2		2		
経営管理論Ⅱ	2		2		
経営財務論Ⅰ	2		2		

第9章 国際ビジネス教育と会計教育(2)

授業科目の名称			配当年次	単位数又は時間数			卒業に必要な修得単位数
				必修	選択	自由	
固有科目	専門科目群	経営・経済系					
		経営財務論Ⅱ	2		2		
		国際経済論Ⅰ	2		2		
		国際経済論Ⅱ	2		2		
		開発経済論Ⅰ	2		2		
		開発経済論Ⅱ	2		2		
		経営組織論Ⅰ	3		2		
		経営組織論Ⅱ	3		2		
		労務管理論Ⅰ	3		2		
		労務管理論Ⅱ	3		2		
		国際農業経済論Ⅰ	3		2		
		国際農業経済論Ⅱ	3		2		
	演習群	国際ビジネス入門Ⅰ	1	2			2科目4単位必修
		国際ビジネス入門Ⅱ	1	2			
		専門演習	3		4		2科目8単位修得
		卒業演習	4		4		（注1）
	実習科目群	海外語学実習	2		2		左記より1科目2単位以上選択修得
		海外社会実習	2		2		
		国内社会実習	2		2		（注2）
有関連科目群		比較宗教論Ⅰ	1		2		
		比較宗教論Ⅱ	1		2		
		国際政治論Ⅰ	3		2		左記より2科目4単位以上選択修得
		国際政治論Ⅱ	3		2		
		華僑・華人論Ⅰ	3		2		
		華僑・華人論Ⅱ	3		2		
科目	関連科目群	中国の文化Ⅰ	1		2		
		中国の文化Ⅱ	1		2		
		中国の政治経済Ⅰ	2		2		
		中国の政治経済Ⅱ	2		2		
		コリアの文化Ⅰ	1		2		
		コリアの文化Ⅱ	1		2		
		コリアの政治経済Ⅰ	2		2		
		コリアの政治経済Ⅱ	2		2		左記より4科目8単位以上選択修得
		東南アジアの文化Ⅰ	1		2		
		東南アジアの文化Ⅱ	1		2		
		東南アジアの政治経済Ⅰ	2		2		
		東南アジアの政治経済Ⅱ	2		2		
		南アジアの文化Ⅰ	1		2		
		南アジアの文化Ⅱ	1		2		
		南アジアの政治経済Ⅰ	2		2		
		南アジアの政治経済Ⅱ	2		2		
		中国語A	1		2		
		中国語B	1		2		
		中国語C	1		2		
		中国語D	1		2		
		韓国語A	1		2		
		韓国語B	1		2		

第Ⅱ部　会計教育の研究

授業科目の名称		配当年次	単位数又は時間数			卒業に必要な修得単位数
			必修	選択	自由	
固有科目	関連科目群	韓国語C	1		2	
		韓国語D	1		2	
		インドネシア語A	1		2	
		インドネシア語B	1		2	
		インドネシア語C	1		2	左記より4科目8単位以上選択修得
		インドネシア語D	1		2	
		英語A	1		2	
		英語B	1		2	
		英語C	1		2	
		英語D	1		2	
		外国語研究Ⅰ	2			2	
		外国語研究Ⅱ	2			2	
		経済政策Ⅰ	2		2	
		経済政策Ⅱ	2		2	
		九州経済論Ⅰ	3		2	
		九州経済論Ⅱ	3		2	
		憲法Ⅰ（人権論）	1		2	
		憲法Ⅱ（統治機構）	1		2	
		民法総則Ⅰ	1		2	左記より8単位以上選択修得
		民法総則Ⅱ	1		2	
		商法	2		4	
		政治学原論Ⅰ	2		2	
		政治学原論Ⅱ	2		2	
		行政法総論Ⅰ	2		2	
		行政法総論Ⅱ	2		2	
		環境法	4		2	
次の各分野から定められた単位を修得の上、卒業に必要な単位数126単位を修得すること。	共通科目……24単位 固有科目 　┌基本科目群…32単位 　│専門科目群…28単位 　│演習群…12単位 　│実習科目群…2単位 　└関連科目群…28単位					

（注1）演習群の専門演習・卒業演習を修得しない者は、2科目8単位を専門科目群で代替できる
（注2）卒業に必要な実習科目群の修得単位数1科目2単位を超えて修得した単位については、4単位以内を関連科目群の修得単位として振替ることができる

第 9 章　国際ビジネス教育と会計教育 (2)

図表 9-2 国際ビジネス学科　教育課程表

◉本学科独自の新設科目　○他学科受講科目　△名称変更科目

授業科目の名称			配当年次	単位数又は時間数			卒業に必要な修得単位数
				必修	選択	自由	
共通科目	国際社会を生きる	世界観と人間Ⅰ	1		2		①
		世界観と人間Ⅱ	1		2		
		中国の官僚制と近・現代化Ⅰ	1		2		
		中国の官僚制と近・現代化Ⅱ	1		2		
		ロシア革命と社会主義Ⅰ	1		2		
		ロシア革命と社会主義Ⅱ	1		2		
		欧米社会と文学Ⅰ	1		2		
		欧米社会と文学Ⅱ	1		2		
		文化人類学Ⅰ	1		2		
		文化人類学Ⅱ	1		2		
		近代と人間形成Ⅰ	2		2		
		近代と人間形成Ⅱ	2		2		
		中国近世の文芸Ⅰ	2		2		
		中国近世の文芸Ⅱ	2		2		
		音楽と文化Ⅰ	2		2		
		音楽と文化Ⅱ	2		2		
		メディア映像論Ⅰ	2		2		
		メディア映像論Ⅱ	2		2		
	日本社会を生きる	経済社会のしくみⅠ	1		2		②
		経済社会のしくみⅡ	1		2		
		生活と法律Ⅰ	1		2		左記より24単位以上選択修得
		生活と法律Ⅱ	1		2		ただし、①②③④の各分野より4単位以上選択修得すること
		江戸時代の社会と文化Ⅰ	1		2		
		江戸時代の社会と文化Ⅱ	1		2		
		日本近代文学の展開と特質Ⅰ	1		2		
		日本近代文学の展開と特質Ⅱ	1		2		
		現代社会と政治Ⅰ	2		2		
		現代社会と政治Ⅱ	2		2		
		日本文学史Ⅰ	2		2		
		日本文学史Ⅱ	2		2		
		両洋の美のふれあいⅠ	2		2		
		両洋の美のふれあいⅡ	2		2		
	地域社会を生きる	北九州学Ⅰ	1		2		③
		北九州学Ⅱ	1		2		
		高齢化社会Ⅰ	1		2		
		高齢化社会Ⅱ	1		2		
		ジェンダーとエスニシティⅠ	1		2		
		ジェンダーとエスニシティⅡ	1		2		
		現代日本社会と人権Ⅰ	2		2		
		現代日本社会と人権Ⅱ	2		2		
		地域づくりⅠ	2		2		
		地域づくりⅡ	2		2		
		地域と環境Ⅰ	2		2		
		地域と環境Ⅱ	2		2		

第Ⅱ部　会計教育の研究

授業科目の名称			配当年次	単位数又は時間数			卒業に必要な修得単位数
				必修	選択	自由	
共通科目	生きる地域社会を	都市アメニティⅠ	2		2		③
		都市アメニティⅡ	2		2		
		生涯学習と社会参加Ⅰ	2		2		
		生涯学習と社会参加Ⅱ	2		2		
	人間と自然環境を考える	統計をつくるための情報学Ⅰ	1		2		④
		統計をつくるための情報学Ⅱ	1		2		
		数学とコンピュータⅠ	1		2		
		数学とコンピュータⅡ	1		2		
		地球と惑星の未来Ⅰ	1		2		
		地球と惑星の未来Ⅱ	1		2		
		環境と科学Ⅰ	1		2		
		環境と科学Ⅱ	1		2		
		生命・環境と倫理Ⅰ	2		2		
		生命・環境と倫理Ⅱ	2		2		
		動物の社会と進化Ⅰ	2		2		
		動物の社会と進化Ⅱ	2		2		
		こころの科学Ⅰ	2		2		
		こころの科学Ⅱ	2		2		
		環境分析Ⅰ	2		2		
		環境分析Ⅱ	2		2		
	実習	情報処理入門	1	1			
		情報処理応用	1			1	
		健康とスポーツⅠ	1			1	
		健康とスポーツⅡ	1			1	
留学生科目		日本事情Ⅰ	1		2		＊外国人留学生に対する授業科目履修方法の特例に関する規程参照
		日本事情Ⅱ	1		2		
		日本事情Ⅲ	1		2		
		日本事情Ⅳ	1		2		
		日本事情Ⅴ	1		2		
		日本事情Ⅵ	1		2		
		日本語1	1	2	2		＊外国人留学生に対する授業科目履修方法の特例に関する規程参照
		日本語2	1	2	2		
		日本語3	2	2	2		
		日本語4	2		2		
		日本語5	2		2		
		日本語6	2		2		
固有科目	基本科目群	流通経済論Ⅰ	1		2		左記より4科目8単位以上選択修得
		流通経済論Ⅱ	1		2		
		会計学Ⅰ	1		2		
		会計学Ⅱ	1		2		
		経営学Ⅰ	1		2		
		経営学Ⅱ	1		2		
		国際関係論Ⅰ	1		2		左記より4科目8単位以上選択修得
		国際関係論Ⅱ	1		2		
		アジア概論Ⅰ	1		2		
		アジア概論Ⅱ	1		2		

第9章 国際ビジネス教育と会計教育 (2)

		授業科目の名称	配当年次	必修	選択	自由	卒業に必要な修得単位数
固有科目群	基本科目群	△国際ビジネスコミュニケーションⅠ	2		2		
		△国際ビジネスコミュニケーションⅡ	2		2		
		◎検定試験Ⅰ	1		2		
		◎検定試験Ⅱ	1		4		
		◎検定試験Ⅲ	1		6		
		◎リメディアル特講Ⅰ	1		2		
		◎リメディアル特講Ⅱ	1		2		
		コンピュータネットワーク論Ⅰ	1		2		
		コンピュータネットワーク論Ⅱ	1		2		
		理論経済学Ⅰ	1		2		
		理論経済学Ⅱ	1		2		左記より8科目16単位以上選択修得
		情報処理論Ⅰ	2		2		
		情報処理論Ⅱ	2		2		
		マーケティング論Ⅰ	2		2		
		マーケティング論Ⅱ	2		2		
		金融論Ⅰ	2		2		
		金融論Ⅱ	2		2		
		簿記原理Ⅰ	2		2		
		簿記原理Ⅱ	2		2		
		国際経営論Ⅰ	2		2		
		国際経営論Ⅱ	2		2		
		国際会計論Ⅰ	3		2		
		国際会計論Ⅱ	3		2		
コアコース科目群	国際流通コース	商業史Ⅰ	2		2		
		商業史Ⅱ	2		2		
		国際マーケティング論Ⅰ	3		2		
		国際マーケティング論Ⅱ	3		2		
		国際農業経済論	3		2		
		食糧経済論	3		2		
		◎アドバンスト・国際ビジネスコミュニケーションⅠ	3		2		
		◎アドバンスト・国際ビジネスコミュニケーションⅡ	3		2		
		◎多国籍企業論Ⅰ	3		2		左記より14科目28単位以上選択修得
		◎多国籍企業論Ⅱ	3		2		
		△国際交通論Ⅰ	3		2		
		△国際交通論Ⅱ	3		2		
		△国際貿易論Ⅰ	3		2		
		△国際貿易論Ⅱ	3		2		
	ビジネス・スペシャリストコース	◎英文会計Ⅰ	1		2		
		◎英文会計Ⅱ	1		2		
		会計情報システム論Ⅰ	2		2		
		会計情報システム論Ⅱ	2		2		
		△国際財務会計論Ⅰ	2		2		
		△国際財務会計論Ⅱ	2		2		
		△国際管理会計論Ⅰ	3		2		
		△国際管理会計論Ⅱ	3		2		

第Ⅱ部　会計教育の研究

授業科目の名称			配当年次	単位数又は時間数			卒業に必要な修得単位数
				必修	選択	自由	
固有科目	コアコース科目群	ビジネス・スペシャリストコース	上級簿記Ⅰ	3		2		選択したコアコースから14単位以上選択修得
			上級簿記Ⅱ	3		2		
			原価計算論Ⅰ	3		2		
			原価計算論Ⅱ	3		2		
			△国際監査論Ⅰ	3		2		
			△国際監査論Ⅱ	3		2		
			○税務会計論Ⅰ	3		2		
			○税務会計論Ⅰ	3		2		
		グローバル・ファイナンスコース	△国際経営管理論Ⅰ	2		2		
			△国際経営管理論Ⅱ	2		2		
			△国際財務論Ⅰ	2		2		
			△国際財務論Ⅱ	2		2		
			国際経済論Ⅰ	2		2		
			国際経済論Ⅱ	2		2		
			△国際開発経済論Ⅰ	2		2		
			△国際開発経済論Ⅱ	2		2		
			国際金融論Ⅰ	3		2		
			国際金融論Ⅱ	3		2		
			証券論Ⅰ	3		2		
			証券論Ⅱ	3		2		
			経営組織論Ⅰ	3		2		
			経営組織論Ⅱ	3		2		
			△国際労務管理論Ⅰ	3		2		
			△国際労務管理論Ⅱ	3		2		
			○経営分析論Ⅰ	3		2		
			○経営分析論Ⅱ	3		2		
			保険論Ⅰ	3		2		
			保険論Ⅱ	3		2		
	演習群		国際ビジネス入門演習Ⅰ	1	2			2科目4単位必修
			国際ビジネス入門演習Ⅱ	1	2			
			◎専門演習Ⅰ	2		4		3科目12単位修得（注1）
			△専門演習Ⅱ	3		4		
			卒業演習	4		4		
	実習科目群		海外語学実習	2		2		左記より1科目2単位以上選択修得（注2）
			海外社会実習	2		2		
			国内社会実習	2		2		
	エレクティブコース科目群	国際地域コース	比較宗教論Ⅰ	1		2		
			比較宗教論Ⅱ	1		2		
			中国の文化Ⅰ	1		2		
			中国の文化Ⅱ	1		2		
			中国の政治経済Ⅰ	2		2		
			中国の政治経済Ⅱ	2		2		
			コリアの文化Ⅰ	1		2		
			コリアの文化Ⅱ	1		2		
			コリアの政治経済Ⅰ	2		2		
			コリアの政治経済Ⅱ	2		2		

第9章 国際ビジネス教育と会計教育 (2)

授業科目の名称			配当年次	単位数又は時間数			卒業に必要な修得単位数
				必修	選択	自由	
固有科目群	エレクティブコース科目	国際地域コース	東南アジアの文化Ⅰ	1		2		左記より24以上選択修得 選択したエレクティブ専攻コースから12単位以上選択修得
			東南アジアの文化Ⅱ	1		2		
			東南アジアの政治経済Ⅰ	2		2		
			東南アジアの政治経済Ⅱ	2		2		
			南アジアの文化Ⅰ	1		2		
			南アジアの文化Ⅱ	1		2		
			南アジアの政治経済Ⅰ	2		2		
			南アジアの政治経済Ⅱ	2		2		
			華僑・華人論Ⅰ	3		2		
			華僑・華人論Ⅱ	3		2		
		国際コミュニケーションコース	中国語A	1		2		
			中国語B	1		2		
			中国語C	1		2		
			中国語D	1		2		
			○中国語E	2		2		
			○中国語F	2		2		
			韓国語A	1		2		
			韓国語B	1		2		
			韓国語C	1		2		
			韓国語D	1		2		
			○韓国語E	2		2		
			○韓国語F	2		2		
			インドネシア語A	1		2		
			インドネシア語B	1		2		
			インドネシア語C	1		2		
			インドネシア語D	1		2		
			○インドネシア語E	2		2		
			○インドネシア語F	2		2		
			英語A	1		2		
			英語B	1		2		
			英語C	1		2		
			英語D	1		2		
			○英語E	2		2		
			○英語F	2		2		
			外国語研究Ⅰ	2		2		
			外国語研究Ⅱ	2		2		
			◎ビジネス英語Ⅰ	2		2		
			◎ビジネス英語Ⅱ	2		2		
			◎ビジネス中国語Ⅰ	2		2		
			◎ビジネス中国語Ⅱ	2		2		
		国際政治経済コース	○NGO論Ⅰ	1		2		
			○NGO論Ⅱ	1		2		
			○国際協力論Ⅰ	2		2		
			○国際協力論Ⅱ	2		2		
			政治学原論Ⅰ	2		2		
			政治学原論Ⅱ	2		2		
			○財政学Ⅰ	2		2		

第Ⅱ部　会計教育の研究

授業科目の名称			配当年次	単位数又は時間数			卒業に必要な修得単位数
				必修	選択	自由	
固有科目	エレクティブコース科目群	国際政治経済コース	○財政学Ⅱ	2		2		
			経済政策Ⅰ	2		2		
			経済政策Ⅱ	2		2		
			○日本経済論Ⅰ	2		2		
			○日本経済論Ⅱ	2		2		
			○欧米経済論Ⅰ	2		2		
			○欧米経済論Ⅱ	2		2		
			○環境経済学Ⅰ	2		2		
			○環境経済学Ⅱ	2		2		
			○環境政策Ⅰ	3		2		
			○環境政策Ⅱ	3		2		
			国際政治論Ⅰ	3		2		
			国際政治論Ⅱ	3		2		
		国際実務法規コース	憲法Ⅰ（人権論）	1		2		
			憲法Ⅱ（統治機構）	1		2		
			民法総則Ⅰ	1		2		
			民法総則Ⅱ	1		2		
			○企業法務総論Ⅰ	1		2		
			○企業法務総論Ⅱ	1		2		
			商法	2		4		
			行政法総論Ⅰ	2		2		
			行政法総論Ⅱ	2		2		
			○国際租税法	3		2		
			○税法総論	3		2		
			○税法各論	3		2		
			○国際環境法Ⅰ	3		2		
			○国際環境法Ⅱ	3		2		
			○国際取引法	4		4		
			環境法Ⅰ	4		2		
			環境法Ⅱ	4		2		
		情報コース	○コンピュータ実習Ⅰ	1		1		
			○コンピュータ実習Ⅱ	2		1		
			○コンピュータ実習Ⅲ	2		1		
			○経営情報論Ⅰ	2		2		
			○経営情報論Ⅱ	2		2		
			○コンピュータ概論Ⅰ	2		2		
			○コンピュータ概論Ⅱ	2		2		
			○サイバースペース法	3		2		

次の各分野から定められた単位を修得の上、卒業に必要な単位数126単位を修得すること。

共通科目…………24単位
固有科目
　├基本科目群…32単位
　├専門科目群…28単位
　├演　習　群…16単位
　├実習科目群…2単位
　└関連科目群…24単位

（注1）演習群の専門演習Ⅰ・専門演習Ⅱ・卒業演習を修得しない者は、3科目12単位を専門科目群で代替できる。
（注2）卒業に必要な実習科目群の修得単位数1科目2単位を超えて修得した単位については、4単位以内を関連科目群の修得単位として振替することができる。

第 9 章　国際ビジネス教育と会計教育 (2)

図表 9-3　国際ビジネス学科　教育課程表

国際ビジネス学科　2002年度 1 年生

授業科目の名称			配当年次	単位数又は時間数			卒業に必要な修得単位数
				必修	選択	自由	
基礎教育科目		情報処理入門	1	1			左記より 3 単位以上選択修得
		情報処理応用	1		1		
		地球市民として生きる	1		2		
		キャリアデザイン I	1	2			
		キャリアデザイン II	3		2		
共通科目	国際社会を生きる	世界観と人間 I	1		2		①
		世界観と人間 II	1		2		
		中国の官僚制と近・現代化 I	1		2		
		中国の官僚制と近・現代化 II	1		2		
		ロシア革命と社会主義 I	1		2		
		ロシア革命と社会主義 II	1		2		
		欧米社会と文学 I	1		2		
		欧米社会と文学 II	1		2		
		文化人類学 I	1		2		
		文化人類学 II	1		2		
		近代と人間形成 I	2		2		
		近代と人間形成 II	2		2		
		中国近世の文芸 I	2		2		
		中国近世の文芸 II	2		2		
		音楽と文化 I	2		2		
		音楽と文化 II	2		2		
		メディア映像論 I	2		2		左記より20単位以上選択修得、ただし①②③④の各分野より 4 単位以上選択修得すること
		メディア映像論 II	2		2		
	日本社会を生きる	経済社会のしくみ I	1		2		②
		経済社会のしくみ II	1		2		
		生活と法律 I	1		2		
		生活と法律 II	1		2		
		江戸時代の社会と文化 I	1		2		
		江戸時代の社会と文化 II	1		2		
		日本近代文学の展開と特質 I	1		2		
		日本近代文学の展開と特質 II	1		2		
		現代社会と政治 I	2		2		
		現代社会と政治 II	2		2		
		日本文学史 I	2		2		
		日本文学史 II	2		2		
		両洋の美のふれあい I	2		2		
		両洋の美のふれあい II	2		2		
	地域社会を生きる	北九州学 I	1		2		③
		北九州学 II	1		2		
		高齢化社会 I	1		2		
		高齢化社会 II	1		2		
		ジェンダーとエスニシティ I	1		2		
		ジェンダーとエスニシティ II	1		2		
		現代日本社会と人権 I	2		2		
		現代日本社会と人権 II	2		2		

第Ⅱ部　会計教育の研究

授業科目の名称			配当年次	単位数又は時間数			卒業に必要な修得単位数
				必修	選択	自由	
共通科目	地域社会を生きる	地域づくりⅠ	2		2		③
		地域づくりⅡ	2		2		
		地域と環境Ⅰ	2		2		
		地域と環境Ⅱ	2		2		
		都市アメニティⅠ	2		2		
		都市アメニティⅡ	2		2		
		生涯学習と社会参加Ⅰ	2		2		
		生涯学習と社会参加Ⅱ	2		2		
	人間と自然環境を考える	統計をつくるための情報学Ⅰ	1		2		④
		統計をつくるための情報学Ⅱ	1		2		
		数学とコンピュータⅠ	1		2		
		数学とコンピュータⅡ	1		2		
		地球と惑星の未来Ⅰ	1		2		
		地球と惑星の未来Ⅱ	1		2		
		環境と科学Ⅰ	1		2		
		環境と科学Ⅱ	1		2		
		生命・環境と倫理Ⅰ	2		2		
		生命・環境と倫理Ⅱ	2		2		
		動物の社会と進化Ⅰ	2		2		
		動物の社会と進化Ⅱ	2		2		
		こころの科学Ⅰ	2		2		
		こころの科学Ⅱ	2		2		
		環境分析Ⅰ	2		2		
		環境分析Ⅱ	2		2		
	実習	健康とスポーツⅠ	1		1		
		健康とスポーツⅡ	1		1		
外国語科目		英語Ａ１	1		2		左記より複数言語12単位以上選択修得、ただし１言語４単位以上選択修得すること
		英語Ａ２	1		2		
		英語Ａ３	2		2		
		英語Ａ４	2		2		
		フランス語Ａ１	1		2		
		フランス語Ａ２	1		2		
		フランス語Ａ３	2		2		
		フランス語Ａ４	2		2		
		ドイツ語Ａ１	1		2		
		ドイツ語Ａ２	1		2		
		ドイツ語Ａ３	2		2		
		ドイツ語Ａ４	2		2		
		中国語Ａ１	1		2		
		中国語Ａ２	1		2		
		中国語Ａ３	2		2		
		中国語Ａ４	2		2		
		韓国語Ａ１	1		2		
		韓国語Ａ２	1		2		
		韓国語Ａ３	2		2		
		韓国語Ａ４	2		2		
		インドネシア語Ａ１	1		2		

第9章　国際ビジネス教育と会計教育（2）

授業科目の名称			配当年次	単位数又は時間数			卒業に必要な修得単位数
				必修	選択	自由	
外国語科目		インドネシア語A2	1		1		
		インドネシア語A3	2		2		
		インドネシア語A4	2		2		
留学生科目		日本事情Ⅰ	1		2		
		日本事情Ⅱ	1		2		
		日本事情Ⅲ	1		2		
		日本事情Ⅳ	1		2		＊外国人留学生に対する授業科目履修方法の特例に関する規程参照
		日本事情Ⅴ	1		2		
		日本事情Ⅵ	1		2		
		日本語1	1	2			
		日本語2	1	2			
		日本語3	2	2			
		日本語4	2		2		
		日本語5	2		2		
		日本語6	2		2		
固有科目	基本科目群	流通経済論Ⅰ	1	2			
		流通経済論Ⅱ	1	2			
		会計学Ⅰ	1	2			6科目12単位必修
		会計学Ⅱ	1	2			
		経営学Ⅰ	1	2			
		経営学Ⅱ	1	2			
		国際関係論Ⅰ	1		2		
		国際関係論Ⅱ	1		2		左記より2科目4単位以上選択修得
		アジア概論Ⅰ	1		2		
		アジア概論Ⅱ	1		2		
		△ミクロ経済学Ⅰ	1		2		
		△ミクロ経済学Ⅱ	2		2		
		○マクロ経済学Ⅰ	1		2		
		○マクロ経済学Ⅱ	2		2		
		コンピュータネットワーク論Ⅰ	2		2		
		コンピュータネットワーク論Ⅱ	2		2		
		○コンピュータ概論Ⅰ	2		2		
		○コンピュータ概論Ⅱ	2		2		
		△国際ビジネスコミュニケーションⅠ	2		2		
		△国際ビジネスコミュニケーションⅡ	2		2		左記より8科目16単位以上選択修得
		マーケティング論Ⅰ	2		2		
		マーケティング論Ⅱ	2		2		
		貿易論Ⅰ	2		2		
		貿易論Ⅱ	2		2		
		簿記原理Ⅰ	2		2		
		簿記原理Ⅱ	2		2		
		財務会計論Ⅰ	2		2		
		財務会計論Ⅱ	2		2		
		金融論Ⅰ	2		2		
		金融論Ⅱ	3		2		
		経営管理論Ⅰ	2		2		
		経営管理論Ⅱ	2		2		

第Ⅱ部　会計教育の研究

授業科目の名称			配当年次	単位数又は時間数			卒業に必要な修得単位数
				必修	選択	自由	
固有専門科目群	国際流通系	商業史Ⅰ	2		2		①
		商業史Ⅱ	2		2		
		国際経済学Ⅰ	2		2		
		国際経済学Ⅱ	2		2		
		開発経済論Ⅰ	2		2		
		開発経済論Ⅱ	2		2		
		△多国籍企業論(国際マーケティングⅠ)	3		2		
		△国際マーケティング論(国際マーケティングⅡ)	3		2		
		△国際交通論Ⅰ	3		2		
		△国際交通論Ⅱ	3		2		
		◎貿易商務論Ⅰ	3		2		
		◎貿易商務論Ⅱ	3		2		
		△国際農業経済論(国際農業経済論Ⅰのトル)	3		2		
		△食料経済論(国際農業経済論Ⅱ)	3		2		
	ビジネス・スペシャリスト系	◎英文会計Ⅰ	1		2		② 左記より12科目24単位以上選択修得、ただし①②③のいずれかの系列は必ず12単位以上選択修得
		◎英文会計Ⅱ	1		2		
		会計情報システム論Ⅰ	2		2		
		会計情報システム論Ⅱ	2		2		
		国際会計論Ⅰ	2		2		
		国際会計論Ⅱ	2		2		
		上級簿記Ⅰ	3		2		
		上級簿記Ⅱ	3		2		
		原価計算論Ⅰ	3		2		
		原価計算論Ⅱ	3		2		
		監査論Ⅰ	3		2		
		監査論Ⅱ	3		2		
		○税務会計論Ⅰ	3		2		
		○税務会計論Ⅱ	3		2		
	グローバル・ファイナンス系	△経営財務論(経営財務論Ⅰのトル)	2		2		③
		△財務管理論(経営財務論Ⅱ)	2		2		
		管理会計論Ⅰ	3		2		
		管理会計論Ⅱ	3		2		
		国際経営論Ⅰ	2		2		
		国際経営論Ⅱ	2		2		
		保険論Ⅰ	2		2		
		保険論Ⅱ	2		2		
		○経営分析論Ⅰ	2		2		
		○経営分析論Ⅱ	2		2		
		国際金融論Ⅰ	3		2		
		国際金融論Ⅱ	3		2		
		△証券市場論(証券論Ⅰ)	3		2		
		△現代ファイナンス論(証券論Ⅱ)	3		2		
		◎金融情報システム論Ⅰ	3		2		
		◎金融情報システム論Ⅱ	3		2		
特講科目		◎検定試験特講Ⅰ(注)	1		2		
		◎検定試験特講Ⅱ	1		2		
		◎国際ビジネス特講Ⅰ	1		2		

第9章 国際ビジネス教育と会計教育（2）

授業科目の名称			配当年次	単位数又は時間数			卒業に必要な修得単位数
				必修	選択	自由	
固有関連科目	専門科目群	特講科目	◎国際ビジネス特講Ⅱ	1		2		
			◎国際ビジネス特講Ⅲ	1		2		
			◎国際ビジネス特講Ⅳ	1		2		
		演習群	△国際ビジネス入門演習Ⅰ	1	2			左記より12単位以上選択修得
			△国際ビジネス入門演習Ⅱ	1	2			
			◎専門演習Ⅰ	2	4			
			△専門演習Ⅱ	3	4			
			△専門演習Ⅲ	4		4		
		実習科目群	海外語学実習	2		2		左記より1科目2単位以上選択修得
			海外社会実習	2		2		
			国内社会実習	2		2		
			○コンピュータ実習Ⅰ	1		1		
			○コンピュータ実習Ⅱ	2		1		
			○コンピュータ実習Ⅲ	2		1		
	言語コミュニケーション系		Practical English Ⅰ	1		4		
			Practical English Ⅱ	1		4		
			翻訳演習Ⅰ	2		4		
			翻訳演習Ⅱ	2		4		
			検定演習Ⅰ	3		2		
			検定演習Ⅱ	3		2		
			専門中国語Ⅰ	3		2		
			専門中国語Ⅱ	3		2		
			専門韓国語Ⅰ（韓国語コミュニケーション）	3		2		
			専門韓国語Ⅱ（日韓語比較研究）	3		2		
			専門インドネシア語Ⅰ	3		2		
			専門インドネシア語Ⅱ	3		2		
			外国語研究Ⅰ	3		2		
			外国語研究Ⅱ	3		2		
	国際・地域研究系		比較宗教論Ⅰ	1		2		
			比較宗教論Ⅱ	1		2		
			○NGO論Ⅰ	1		2		
			○NGO論Ⅱ	1		2		
			○比較文化論Ⅰ	2		2		
			○比較文化論Ⅱ	2		2		
			○国際協力論Ⅰ	2		2		
			○国際協力論Ⅱ	2		2		
			○国際協力実践論Ⅰ	3		2		
			○国際協力実践論Ⅱ	3		2		
			中国の文化Ⅰ	1		2		
			中国の文化Ⅱ	1		2		
			中国の政治経済Ⅰ	2		2		
			中国の政治経済Ⅱ	2		2		
			コリアの文化Ⅰ	1		2		
			コリアの文化Ⅱ	1		2		
			コリアの政治経済Ⅰ	2		2		
			コリアの政治経済Ⅱ	2		2		
			東南アジアの文化Ⅰ	1		2		

第Ⅱ部　会計教育の研究

			授業科目の名称	配当年次	単位数又は時間数			卒業に必要な修得単位数
					必修	選択	自由	
固有科目群	関連科目	国際・地域研究系	東南アジアの文化Ⅱ	1		2		左記より12単位以上選択修得
			東南アジアの政治経済Ⅰ	2		2		
			東南アジアの政治経済Ⅱ	2		2		
			南アジアの文化Ⅰ	1		2		
			南アジアの文化Ⅱ	1		2		
			南アジアの政治経済Ⅰ	2		2		
			南アジアの政治経済Ⅱ	2		2		
			○マスコミ論Ⅰ	2		2		
			○マスコミ論Ⅱ	2		2		
			○実践ジャーナリズム論Ⅰ	3		2		
			○実践ジャーナリズム論Ⅱ	3		2		
			○メディア論Ⅰ	3		2		
			○メディア論Ⅱ	3		2		
			華僑・華人論Ⅰ	3		2		
			華僑・華人論Ⅱ	3		2		
		経済・経営系	経済政策Ⅰ	2		2		
			経済政策Ⅱ	3		2		
			○財政学Ⅰ	2		2		
			○財政学Ⅱ	3		2		
			○アメリカ経済論Ⅰ	2		2		
			○ヨーロッパ経済論Ⅱ	2		2		
			○日本経済論Ⅰ	1		2		
			○日本経済論Ⅱ	2		2		
			九州経済論Ⅰ	3		2		
			九州経済論Ⅱ	3		2		
			労務管理論Ⅰ	3		2		
			労務管理論Ⅱ	3		2		
			経営組織論Ⅰ	3		2		
			経営組織論Ⅱ	3		2		
			○経営情報論Ⅰ	2		2		
			○経営情報論Ⅱ	2		2		
			○情報処理論Ⅰ	2		2		
			○情報処理論Ⅱ	2		2		
		法律・政治系	憲法Ⅰ（人権論）	1		2		
			憲法Ⅱ（統治機構）	1		2		
			民法総則Ⅰ	1		2		
			民法総則Ⅱ	1		2		
			△商法総則	2		2		
			△商行為法	2		2		
			○会社法Ⅰ	3		2		
			○会社法Ⅱ	3		2		
			○有価証券法Ⅰ	3		2		
			○有価証券法Ⅱ	3		2		
			行政法総論Ⅰ	2		2		
			行政法総論Ⅱ	2		2		
			環境法Ⅰ	2		2		
			環境法Ⅱ	2		2		

第9章 国際ビジネス教育と会計教育 (2)

授業科目の名称			配当年次	単位数又は時間数			卒業に必要な修得単位数
				必修	選択	自由	
固有科目	関連科目群	法律・政治系 ○国際取引法Ⅰ	3		2		
		○国際取引法Ⅱ	3		2		
		○税法総論	3		2		
		○税法各論	3		2		
		○サイバースペース法	3		2		
		政治学原論Ⅰ	2		2		
		政治学原論Ⅱ	2		2		
		国際政治学Ⅰ	3		2		
		国際政治学Ⅱ	3		2		

(注1) 検定試験特講Ⅰ・Ⅱについては、取扱申合せ事項を参照のこと。
(注2) 自由履修単位については、国際商学部国際ビジネス学科開設の全ての授業科目（修得した授業科目を除く）から8単位を修得すること。

　　　基礎教育科目　　　 3単位
　　　共通科目　　　　　20単位
　　　外国語科目　　　　12単位
　　　基本科目群　　　　32単位
　　　専門科目群　　　　24単位
　　　演習群　　　　　　12単位
　　　実習科目群　　　　 2単位
　　　関連科目群　　　　12単位
　　　自由履修単位　　　 8単位
　　　　計　　　　　　 125単位

図表9-4　各種検定試験合格者の単位認定に関する取扱申合せ事項

（目的）
第1条　この規程は、国又は民法第34条の規程による法人その他の団体が審査を行う技能資格（以下、検定試験という）に合格した者の単位認定について必要な事項を定める。

（検定試験の種類と認定基準）
第2条　この規程で単位認定の対象となる検定試験の種類および認定基準は、別表のとおりとする。

（認定単位の取り扱い）
第3条　この規程で認定された単位は、それぞれ別表に定める科目名として認定し、専門科目群において所定の単位数を卒業要件単位数に算入することができる。
2　同一認定基準において2種類以上の検定試験が単位認定の対象となる場合は、本人の要請によりいずれか1種類の検定試験のみを認定する。
3　この規程で認定された単位の成績評価は、一律に「認定」とする。

（履修手続）
第4条　履修を希望する者は、春学期ないし秋学期の履修届提出期限までに願い出なければならない。

（単位の認定手続）
第5条　前3条の規程により単位の認定を受けようとする者は、所定の期日までに「単位認定申請書」ならびに「合格証明書」（級数またはスコアを含む）を学部事務室を経て国際商学部長に提出しなければならない。
2　提出する「合格証明書」は、在学中に受験したものとする。
3　単位認定は、検定試験特講審査委員会が行う。

（事務の所管）
第6条　各種検定試験合格者の単位認定に関する事務は、学部事務室が所管する。

（改廃）
第7条　この規程の改廃は、国際商学部教授会を経て行う。

付則
1　この規程は、平成14年4月1日より施行する。
2　この規程は、平成14年度在籍者より適用する。

第9章　国際ビジネス教育と会計教育（2）

別表　国際商学部国際ビジネス学科　検定試験の単位認定一覧表

認定される検定試験	認定科目の名称	認定単位数
全国経理学校協会主催簿記能力検定試験1級	検定試験特講Ⅰ	2
日本商工会議所主催日本語文書処理2級	〃	2
日本商工会議所主催ビジネスコンピューテング2級	〃	2
日本商工会議所主催商業英語検定試験C級	〃	2
中央能力開発協会主催コンピュータサービス技能評価試験2級	〃	2
日本英語検定協会実用英語技能検定試験2級	〃	2
全国経理学校協会主催簿記能力検定試験上級	検定試験特講Ⅱ	2
日本商工会議所主催簿記検定1級以上（注）	〃	2
日本商工会議所主催商業英語検定試験B級以上	〃	2
日本パーソナルコンピュータソフトウエア協会主催パソコン財務会計主任者2級以上	〃	2
国際ビジネスコミュニケーション協会主催TOEIC450点以上	〃	2
日本情報処理開発協会主催初級システムアドミニストレータ	〃	2
日本オラクル(株)主催オラクルマスターシルバー以上	〃	2
日本英語検定協会主催実用英語技術検定試験準1級以上	〃	2

(注)税理士試験(簿記論または財務諸表論)、若しくは、公認会計士第2次試験合格を含む。

第Ⅱ部　会計教育の研究

図表 9-5 国際流通系履修モデルコース（貿易実務検定・商業英検を目指すケース）

		1年次	2年次	3年次	4年次
基本科目群 (28単位以上)	12単位必修	流通経済論 会計学 経営学			
	いずれか4単位	国際関係論 アジア概論			
	12単位以上		国際ビジネスコミュニケーション論 マーケティング論 貿易論		
専門科目群 (24単位以上)	①(12単位以上)		国際経済学	貿易商務論 国際マーケティング論	
		国際ビジネス特講 英文会計	国際経営論	検定試験特講 国際金融論	
演習群 (12単位以上)	4単位必修	国際ビジネス入門演習			
	8単位必修		専門演習Ⅰ	専門演習Ⅱ	専門演習Ⅲ
関連科目群 (14単位以上)			Practical English 外国語研究Ⅰ	国際取引法 検定演習	

第9章 国際ビジネス教育と会計教育（2）

図表9-6 ビジネス・スペシャリスト系履修モデルコース（簿記検定・税理士を目指すケース）

		1年次	2年次	3年次	4年次
基本科目群 (28単位以上)	12単位必修	流通経済論 会計学 経営学			
	いずれか4単位	国際関係論 アジア概論			
	12単位以上		コンピュータネットワーク論 簿記原理 国際会計論		
専門科目群 (24単位以上)	②（12単位以上）	英文会計	財務会計論	上級簿記 税務会計論 原価計算論	
	4単位必修	国際ビジネス特講	経営分析論	検定試験特講	
演習群 (12単位以上)	8単位必修	国際ビジネス入門演習	専門演習Ⅰ	専門演習Ⅱ	専門演習Ⅲ
関連科目群 (14単位以上)			財政学 経営情報論 商法総則，商行為法	税法総論 税法各論	

第Ⅱ部　会計教育の研究

図表9-7　グローバル・ファイナンス系履修モデルコース（ファイナンシャル・プランナーを目指すケース）

科目群		1年次	2年次	3年次	4年次
基本科目群 (28単位以上)	12単位必修	流通経済論 会計学 経営学			
	いずれか4単位	国際関係論 アジア概論			
	12単位以上	ミクロ経済学 マクロ経済学	金融論 財務会計論	国際金融論 現代ファイナンス論	
専門科目群 (24単位以上)	③（12単位以上）		財務管理論 保険論 経営分析論	税務会計論	
		英文会計			
演習群 (12単位以上)	4単位必修	国際ビジネス入門演習			
	8単位必修		専門演習Ⅰ	専門演習Ⅱ	専門演習Ⅲ
関連科目群 (14単位以上)			経済政策 財政学 民法総則	税法総論 税法各論	

202

資料1　出所：脇山昇著『簿記会計教育論』、中央経済社、1998年3月刊。
〈表4-1〉簿記教育に関するアンケート（1997年7月）

（質問）以下，該当する番号に○をつけて下さい。2, 3については複数回答できます。

1．「簿記論」の難易についてお答え下さい。
　(1)難しい　(2)易しい　(3)普通
2．「簿記論」が難しいと思う理由は何ですか。
　(1)予習，復習をしなかったから。
　(2)練習問題をする時間が足りない。
　(3)学習内容が多すぎる。
　(4)講義のスピードが速い。
　(5)その他
3．「簿記論」を前期に学んだ中でどの箇所が難しいと思いますか。以下は，テキストと練習問題集の項目です。
　(1)テキスト
　　第1章　複式簿記の基本
　　　第1節　資産　資本および負債
　　　　　1．資産
　　　　　2．資本および負債
　　　　　3．貸借対照表等式
　　　　　4．貸借対照表
　　　第2節　収益と費用
　　　　　1．収益
　　　　　2．費用
　　　　　3．損益計算書等式
　　　　　4．損益計算書
　　　第3節　勘定
　　　　　1．勘定の意味と種類
　　　　　2．勘定口座とその形式
　　　　　3．勘定記入の法則
　　　第4節　取引
　　　　　1．取引の八要素と結合関係
　　　　　2．取引の種類
　　　　　3．取引の二重性と貸借平均の原理
　　　第5節　仕訳帳と元帳
　　　　　1．仕訳
　　　　　2．仕訳帳
　　　　　3．元帳への転記

資　　料

　　　第6節　試算表
　　　　　1．試算表の種類と作成法
　　　　　2．試算表による誤りの発見
　　　　　3．試算表の検証能力の限界
　　　第7節　決算
　　　　　1．決算本手続き（帳簿決算）
　　　　　2．財務諸表の作成
　　　　　3．精算表と複式簿記の構造
　　(2) 問題集
　　　　　1．資産・負債・資本　　　5．仕訳帳・総勘定元帳
　　　　　2．収益・費用　　　　　　6．試算表
　　　　　3．取引・勘定記入　　　　7．6桁精算表
　　　　　4．仕訳・転記　　　　　　8．決算手続き
　4．予習をすることはありますか。お答え下さい。
　　(1)まったくしない。(2)たまにはする。(3)ほとんどする。
　5．復習することはありますか。お答え下さい。
　　(1)まったくしない。(2)たまにはする。(3)ほとんどする。

資料2　出所：脇山昇著『簿記会計教育論』，中央経済社，1998年3月刊。

総　　　括

　以下において7つのレポート・テーマおよびこれ以外についての履修者の意見，論評を総括すると次のとおりである。
(1)　簿記会計教授法についての回答者30名のうち主な意見は，少人数制が望ましいが6名，平常点システムに賛成が5名，これに反対が4名，出席重視が良いが4名，検定試験中心の授業に反対が3名，これと逆に簿記の原理や基礎が大事が4名であった。
(2)　検定試験制度の功罪についての回答者34名のうち，このメリットについて答えた学生は12名，これらの内訳は，①就職に有利，合格すると自信になる，合格目標のためにやる気が起きる，のそれぞれが4名であった。逆に，デメリットについては，7名が回答した。なるほど，検定試験制度には，一長一短の両面があることを学生も理解しているといえる。この7名のうち，①検定は，実社会に出て，役に立たない（3名）。②応用力が効かない，実務適応力の弱体化，簿記原理の軽視，と答えた者はそれぞれ2名であった。面白いのは，1名が検定試験を簿記のもつ理論面と実務面の双方から出題してみてはどうか，とするものである。

(3) 簿記会計カリキュラムについては，回答者7名中4名が，簿記（技術）から会計（理論）へと進む方向を指示している。3名は，大学においては簿記の実務面を重視している。2名は，簿記論，会計学を必修科目にした方が良いとしている。
(4) 多様性のある進路別履修モデルについて回答した17名のうち，このメリットについては6名が，デメリットについては4名が答えている。双方の意見は納得のいくものであり，履修モデルのもつ二面性を明らかにしている。
(5) セメスター制について回答した54名のうち，これに賛成する意見，これのメリットについて答えた者は，19名。メリットとする理由は，ⓐ学習効果が上がる（5名）。ⓑ科目選択の幅が増える（5名）。ⓒ半期完結制による残りの半期は，教員の研究，学生の資格試験の勉強等に時間を有効に活用できる（5名）。ⓓ社会人，編入学生，外国人留学生の受容れがスムーズになる（1名）。逆に，セメスター制に反対の意見は，22名であり，賛成19名を超えている。反対者がセメスター制のデメリットを述べる理由は，次のとおりである。すなわち，仮に1年分のカリキュラムを半期で終了した場合，7名の学生が，学生は自分の趣味，遊びに費やしてしまい，残りの半期を有効に活用しない，これに慣れていないという心配がある，と述べている。また，4名は学習内容について対応できないテスト勉強等で負担がかかる，としている。学生の立場からすると一面当っている。われわれは，教えることから学ぶことが多いことを実感する。
(6) 会計学演習についての意見は，12名のうち選択制が良い（4名）。必修が良い（1名）。卒論こそ必修（1名）。であった。
(7) 大学の簿記会計教育の目的について答えた49名のうち，このテーマに沿った回答はわずかに6名であり，3名が簿記会計教育は実務的な内容が良い。逆に，理論志向的が良いが1名，就職試験に簿記検定が活用される社会システムが望ましいというのが1名であった。
(8) 私が課したレポート・テーマとは直接関係はないが，一般的な大学教育に関する意見が8名みられた。主な意見は，ⓐ出席は学生の自主管理でなくてはならない。ⓑ授業評価導入に達成。ⓒ他学部受講も認めて欲しい。ⓓ大学は，自己の将来の糧を身につけ，自分を向上させる場である。ⓔ外国語は，会話重視が良い。ⓕ1年間の取得単位の制限をなくし，早く卒業できれば良い。ⓖ1年次から就職講座を設け，早く自分の進路を見つけ出させて，それに沿った講義を受けさせて欲しい。ⓗ講座のカリキュラムを決める時は，学生の代表も入れて一緒に取り組んで欲しい。ⓘ1年間の履修科目を決める時間が少なすぎる。必修科目が多すぎて，本当に学びたい科目が選びにくい。

以上のように，ほとんどが本学に対する要望ばかりである。しかし，貴重な意見も多く，これから検討すべき課題を提示してくれている。受講生諸君にこの場をかりて感謝の意を表したい。

索　　引

い

維持概念 …………………… 42, 44

う

ヴァッター, W. J. ………… 16, 49, 67

え

営業活動報告書 …………… 26, 38, 40
営業財産 ………………………… 11
英文会計 ………………………… 165
営利会計 ………………………… 7, 8
エレクティブコース … 152, 153, 165
演算形態（原因）………………… 6
Entity ……………………… 10, 12, 42
エンティティ概念 ……………… 71
エンティティ理論 ……………… 72

お

大株主 …………………………… 93

か

会計学演習 ……………………… 205
会計学科目 ……………………… 120
会計士 …………………………… 75
会計主体 ………………………… 74

か（続き）

会計主体論 ……………………… 69
会計責任 ………………………… 77
会計単位 ………………… 17, 68, 69, 74
会計担当者 …………………… 60, 62
外国語科目 ……………………… 123
会社 ……………………………… 54
学習スケジュール ……………… 179
家事会計 ………………………… 5
価値計算 …………………… 41, 45
株式会社支配論 ………………… 94
管理者理論 ……………………… 49

き

企業 Entity ……………………… 11
企業実体理論 …………… 50, 67, 70
企業体 ……………………… 87, 89
企業体理論 ……………… 49, 87
機能資本 ………………………… 94
機能資本家 ………… 76, 77, 86, 88, 91

く

繰越利益剰余金 …… 26, 31, 32, 36, 37

け

経営学科 …… 124, 137, 140, 163, 178
経営学科目 ……………………… 116

207

索　　引

経済学科目 …………………………… 116
現金出納帳 …………………………… 4
検算形態（結果） …………………… 6
検定試験合格指導 …………………… 174
検定試験制度 …… 103, 109, 110, 204
検定試験特講 ………… 174, 175, 199

こ

ゴールドバーグ, L. ……… 49, 73, 84
コアコース ………………… 152, 153
合資会社 ……………………………… 93
拘束概念 ……………… 16, 21, 28, 85
合名会社 ……………………………… 92
国際化科目 …………………………… 123
国際関係科目 ………………………… 120
国際経営学科 ………… 124, 137, 140
国際商学科 …………… 137, 140, 142
国際ビジネス ………… 141, 142, 164
国際ビジネス・カリキュラム
　　　　　　………………………… 114, 164
国際ビジネス学科 …… 141, 142, 152
　　　　　　　　153, 163, 164, 170, 178
国際ビジネス教育 …………………… 148
国際ビジネス教育科目 ……………… 113
国際ビジネス特講 ………… 174, 175
国際ビジネス入門演習 …… 161, 172
個別資金貸借対照表 ………………… 31
個別資本 …………… 76, 77, 83, 85, 91
コマンダー ……… 55, 56, 57, 58, 86
コマンダー理論 ……………………… 63
コマンド …………………………… 56, 57

さ

サービス・ポテンシャル …… 21, 28
サービス・ポテンシャル概念 …… 18
財産会計 ……………………………… 5
財産勘定 ……………………………… 5
残余持分 ………………………… 25, 48

し

シェヤー理論 ………………………… 3
資格取得 …………………… 142, 174
資金 …… 15, 17, 41, 44, 51, 52, 84, 85
資金運用表 …………………………… 25
資金概念 …… 19, 20, 27, 28, 53, 70, 73
資金資産 ……………………………… 20
資金操作 ……………………………… 21
資金貸借対照表 ………………… 33, 37
資金の管理計算 ……………………… 45
資金持分 ……………………………… 37
資金理論 ………………………… 15, 49
資源 ……………………………… 54, 55
資産 ……………………………… 9, 19
自主的継続の授業評価 ……………… 177
実学教育 …………………… 148, 170
実習科目 ……………………………… 123
実践的主体 …………………………… 76
実体 …………………………………… 63
実体概念 ……………………………… 52
資本 …………………………… 9, 41, 44
資本概念 ……………………………… 45
資本金 ………………………………… 42

資本金勘定 ………………………… 12
資本資金 …………………………… 35
資本資金貸借対照表 ……………… 31
資本等式 …………………………… 3
収益 …………………………… 19, 51
収益概念 …………………………… 18
自由履修単位制 …………………… 171
授業観 ……………………………… 177
主専攻・副専攻コース …………… 124
所有主理論 ………………………… 67
純利益 ……………………………… 62
商学科目 …………………………… 117
商学科 ……………………………… 142
少人数教育 …………………… 142, 179
少人数ゼミ教育 ……………… 173, 178
情報化科目 ………………………… 123
所有主持分 ………………………… 29
所有主理論 ……… 50, 67, 70, 72, 73
所有の概念 ………………………… 54
人格 ………………………………… 50
人格説 ……………………………… 72
人格的理論 …………………… 52, 73
新所有主理論 ……………………… 62
人的会計主体 …………………… 68, 83
進路別履修モデル …………… 148, 205
進路別履修モデルコース …… 170, 172

す

数量計算 …………………………… 41
ストック計算 ……………………… 10

せ

請求権 ……………………………… 29
政治・法学科目 …………………… 120
セメスター制 …… 104, 105, 110, 205
全般的拘束 ………………………… 48
専門演習 ……………… 154, 161, 173
専門経営者 …………………… 86, 88, 90

そ

操作の領域 ………………………… 27
損益計算書 ……………………… 8, 40

た

貸借対照表 ……………………… 8, 61
貸借対照表等式 …………………… 3

ち

注意の領域 ………………………… 17
中立主体論 ………………………… 75

て

適正規模の教室 …………………… 176

と

特定の持分 …………………… 25, 30
取締役 ………………………… 59, 60
取締役会長 ………………………… 60

な

内容の同質性 ……………………… 29

索　引

に
ニックリッシュ理論 …………………… 4
人間 …………………………………… 55

ひ
費用 ……………………………… 19, 51
費用概念 ……………………………… 18

ふ
物的会計主体 …………………… 68, 83
フロー計算 …………………………… 10

へ
ベンチャー …………………………… 53

ほ
簿記会計学習法 …………………… 100
簿記会計カリキュラム …… 110, 205
簿記会計教育 ……………………… 107
簿記会計教育の目的 ……………… 205
簿記会計教授法 ……… 100, 109, 204
簿記検定試験 ……………………… 103

み
店と奥の分離 ………………………… 11

む
無機能資本 …………………………… 94

無機能資本家 ………………………… 93
無限責任 ……………………………… 92

も
持分 …………………………………… 19
持分概念 ……………………………… 16
元手 …………………………………… 9
元手概念 ……………………………… 4

ゆ
有限責任 ……………………………… 93

り
利益剰余金 ……………………… 34, 47
利害関係者 ……………………… 71, 90
利害者集団 …………………………… 89
利害調整 ………………………… 89, 90
利害調整会計観 ……………………… 90
利害調整機能 …………………… 87, 91
流動資金 ………………… 32, 34, 35
流動資金貸借対照表 ……………… 31
留保利益 ………………… 32, 33, 34, 47
留保利益計算 …………………… 26, 38

ろ
論理的主体 …………………………… 76

210

| 著者紹介 |

脇山 昇（わきやま のぼる）

1951年	福岡県に生まれる
現　在	九州国際大学国際商学部教授
	（会計学，財務会計論，英文会計，商業科教育法，専門演習等担当）
著　書	共著『利益会計の基礎』（同文舘，1993年）
	単著『簿記会計教育論―基本問題の探究―』（中央経済社，1998年）
	共著『現代日本の株式会社』（ミネルヴァ書房，2000年）
所　属	学会　日本会計研究学会，日本簿記学会，会計理論学会，日本商業教育学会

著者との契約により検印省略

平成15年3月24日　初版発行

会計学の基本問題

著　　者	脇　山　　　昇
発　行　者	大　坪　嘉　春
製　版　所	美研プリンティング株式会社
印　刷　所	税経印刷株式会社
製　本　所	株式会社三森製本所

発行所　東京都新宿区下落合2丁目5番13号　株式会社　税務経理協会

郵便番号 161-0033　振替 00190-2-187408　電話 (03) 3953-3301（編集部）
FAX (03) 3565-3391　　　　　　　　(03) 3953-3325（営業部）
URL　http://www.zeikei.co.jp/
乱丁・落丁の場合はお取替えいたします。

© 脇山　昇　2003　　　　　　　　　Printed in Japan

本書の内容の一部又は全部を無断で複写複製（コピー）することは，法律で認められた場合を除き，著者及び出版社の権利侵害となりますので，コピーの必要がある場合は，予め当社あてに許諾を求めて下さい。

ISBN4-419-04158-7　C1063